农民怎样打官司

刘永章　编著

金盾出版社

内 容 提 要

这是一本通俗实用的法律读物。主要内容：一是介绍综合性的法律知识，包括公民权利、义务和刑事、民事、行政法律责任等；二是介绍诉讼知识和诉讼实践，具体包括刑事、民事、行政三大诉讼常识和相应各种书状的写作方法。全书把抽象的法律和具体的案件密切结合，并将写作方法与书状实例互相对照，使读者便于理解和借鉴。其中涉及的有些法律和案例，反映了当今最新的司法动态。

图书在版编目(CIP)数据

农民怎样打官司/刘永章编著. —北京 ：金盾出版社，2003.1
(2014.8 重印)
ISBN 978-7-5082-2179-3

Ⅰ.①农…　Ⅱ.①刘…　Ⅲ.①法律—基本知识—中国
Ⅳ.①D920.5

中国版本图书馆 CIP 数据核字(2002)第 093820 号

金盾出版社出版、总发行
北京太平路 5 号(地铁万寿路站往南)
邮政编码:100036　电话:68214039　83219215
传真:68276683　网址:www.jdcbs.cn
封面印刷:北京精美彩色印刷有限公司
正文印刷:北京万友印刷有限公司
装订:北京万友印刷有限公司
各地新华书店经销
开本:850×1168 1/32　印张:8.375　字数:235 千字
2014 年 8 月第 1 版第 7 次印刷
印数:42 001～45 000 册　定价:16.00 元

前　言

《农民怎样打官司》是我送给农民朋友的一份礼物。但城镇居民也可以从中受益，因为法律是具有普遍意义的。

写这本小册子，既有必然因素，也有偶然因素。我少年时代生活在农村，目睹了农民的质朴、勤劳、贫困和获得政治解放的喜悦；青壮年时代经过下放山村锻炼和劳动，感受到农民的纯朴和企盼；自改革开放以来，通过与农村亲友的交往，特别是通过国家新闻媒体的宣传报道，感受到农村前进的脚步声，了解到农民脱贫、奔小康的振奋精神。与此同时，也惊闻一些关于农村和农民似乎“不该发生的故事”和案件。后一种情况常引起我的沉思。

今年春节期间，我去首都师范大学拜访 88 岁高龄的向锦江老师，送上自己刚出版的法律方面的书，请曾经给予我很多教诲、鼓励和具体指导的恩师提出意见。谁料，第三天便收到向老师来信，其中说：“2001 年 11 月 7 日《人民日报》有条报道：《农民渴求通俗易懂的法律单行本》，内云：‘如用法律保护自己合法权益，怎样打官司等等’。你这本大著太厚，农民买不起，也看不完。你能另用大白话写，写出简单明了、但完全正确的法律常识吗？真要写好，这是对农民的贡献，比你以前写的 3 本更有价值。”反复拜读之后，我心潮起伏，坐卧难安。我再次被这位文学理论家、曾经担任过全国人大代表的老前辈的人格力量所震撼，油然想起他无私地资助贫困学生和灾民的情景，特别是 1998 年夏天南方遭受洪水灾害后，他让我陪伴去国家民政部，向灾民捐助 1 万元人民币。“1 万元”，这在当时是从事文教工作的个人捐款中罕见的数字，这是他多年来省吃俭用积存的工资。向锦江老师的情操深深感动了我。这封信里的话语，像一阵锣鼓，使我兴奋不已，并萌生要遵照教诲，为老百姓特别是农民写一本法律读物的使命感和义务感。经与金盾出版社联系，很快得到该社的热情支持。

然而写起来谈何容易！第一，资料繁杂，如何用法律的理念去粗取精？第二，如何正确认识当前农村和农民存在的主要问题？按照我国人口职业现状来说，农民仍然是“最广大的人民群众”。党和国家高度重视农村和农民问题，近几年来制定了一系列针对农村的法律、法规，大力开展普法宣传教育。这本《农民怎样打官司》，即是为普法教育加把柴。第三，怎样不辜负恩师的教诲，把书写得“简单明了”，让老百姓买得起，愿意看，读得懂。为了使这本小册子能够收到预想的效果，我尽量把抽象的法律知识与活生生的案例相互映照起来，尽量把太专业的法律术语用较通俗的说法代替或者加以注释。第四，写作过程并非轻松，有兴奋也有沉静，有“责无旁贷”之意，也有“思想交锋”。特别是暑天握笔汗湿稿纸时，常会自问：难道骄阳似火，农民就不进玉米地锄草了吗？累了，农民就不干活了吗？你比起“老农”并非辛苦呢！这样，历经4个多月的课余时间，终于完成了写作计划。可以说，这本书倾注了我对老百姓特别是农民的一份深情厚意！

我殷切期待着读者的批评指正。

刘永章

2002年9月23日

写于中国政法大学塔楼

目　录

农村迫切需要法律服务

“国以民为根，民以谷为命”。农业、农民、农村问题是关系我国社会主义现代化的首要问题。农业兴，百业旺；农民富，国家强；农村稳，社会安。要实现农业兴、农民富、农村稳的目标，在开展科技、文化、卫生“三下乡”活动的同时，必须在农村深入进行法治宣传教育，增强农民的法律意识，提高农民运用法律手段解决各种纠纷的能力和自觉性。

如果我们要问：农村现在最需要的是什么？农民朋友可能会说“最需要科学技术”、“最需要农业信息”；或者会说“最需要继续减轻税费负担”、“最需要增加经济收入”；也许会说“最需要医疗服务”、“最需要丰富文化生活”、“最需要法律服务”，等等。这些回答，应该说都是切合实际的。因为我们国家地域辽阔，各地农村发展很不平衡，既有富裕村，也有贫困村；既有“法治示范村”，也有“法盲村”，各地实际状况不同，迫切需要的内容自然也就不同。但是，就普遍情况来说，无论富裕村还是贫困村，有一点却是共同的，就是极需要“提供法律服务”。

现在我国已经进入全面建设小康社会、加快推进社会主义现代化的新的发展时期。广大农村经过20多年的改革开放，农民生活有了普遍提高，贫困人口数迅速大幅度下降。目前，人口近8亿、占全国总人口62.3%的农村（根据2002年初国家统计局统计），正经历着巨大变化，某些已经解决温饱的地区开始尝到了“农家乐”的滋味。尽管广大农村抵御和承受自然灾害的能力还比较薄弱，农民经济收入增长的势头还不够快，但是毕竟初步改变了贫困面貌。从精神文明建设方面来说，农村的法治环境也相应有了一定的改善。由于“依法治村”、“依法办事”、“政务公开”等方针政策的实施，广大农村逐步出现了学法、用法的新风尚。但是，仍然有些方面不尽人意，比如：一些农村封建迷信仍然存在；法治宣传和法律执行不力，农民法律意识淡薄；有的农村干部执法不公，干群关系紧张，等等。经济富裕固然可以使人免受饥寒之“苦”，但是并不等于生活“幸福”；只有精神同时“脱贫”，才会有真正的“幸福”生活。有许多不幸的、不该发生的事情，就是在一些经济富裕的农村发生的，这种情况应当引起我们深思。

一、农民法律意识亟待增强

随着市场经济的发展，一方面，农民的社会关系逐步变得复杂起来，另一方面，农民焕发出了很高的生产积极性；一方面，农民初步感受到温饱生活的喜悦，另一方面，也经受着某些苦恼与困惑；一方面，农民脚踏“故土”，另一方面，也睁眼望着“外面的世界”；一方面，想迈开大步“与时俱进”，另一方面，还未完全扔掉身上的陈旧包袱。总之，在农村改革的大潮中，思想活跃起来的农民，在提高文化素质的同时，极需要法律知识的指引。可是，由于法律宣传普及不力和农村执法环境存在缺陷，导致农村一些案件的发生，其案由涉及土地、山林、鱼塘、婚姻、继承、赡养、借贷、租赁、宅基、放牧、合同、环保、消费、医疗、劳务、纳税、集资、摊派、教育、选举以及斗殴、伤害、赔偿、赌博、侮辱、强奸、拐卖、凶杀、盗窃、抢劫、诈骗，等等。这些不同性质的案件，有的本来是可以避免发生的，有的是处理不当而升级的。它们在一定程度上影响了农民脱贫致富的速度和农村社会的稳定。

案件发生的原因，除个别人知法犯法外，主要是一些人文化水平较低，对法律条文看不懂，记不住，再加上生产劳动忙，没有充裕时间学习，结果造成不懂法。典型的例子是，××省×县一起赡养纠纷案：92 岁的原告姜某氏有 17 个家孙、外孙，生活都不算困难，却没有一个人愿意养活她。其中一个孙子居然说:“我连我妈都不想养活,还养活我奶奶?”“什么‘法’?我的脾气发起来就是‘法’!”(见2002年6月7日中央电视台《焦点访谈》节目)这说明,在农村加强法治宣传教育和树立法律权威,是迫切需要的。

农民法律意识淡薄的主要表现:

1. 报复性暴力犯罪。有些农民与他人产生某种矛盾(多由琐事引起)后,不是采取说理或诉讼的方法去解决,而是脑子一热就拿刀弄杖,或以纵火投毒出气,甚至纠集亲朋好友打群架,结果酿成血案,构成犯罪,被绳之以法,后悔莫及。这类案子很多。例如:村民李某家玉米地里有3棵玉米苗被村民张某家的黄牛吃掉了,就骂张某是“绝户头”解恨;张某气得浑身哆嗦,即抽刀将李某上小学的女儿刺死。又如,村民吴某多次向信用社主任胡某贷款未成,即携带自制炸药、手枪将胡某小儿子绑架作人质,然后打电话向胡某勒索现金8万元。最严重的是2001年发生的一起震动全国的杀人案:××省××市××区某村村民胡某,由于在遭到人身伤害16个月、举报7个月之后,问题仍未得到处理,遂于一夜之间连杀14条人命。此外,还有为保护自己的庄稼而毒死他人的羊群;为泄私愤,在他人西瓜中下毒药;自己的女儿被某家的儿子强奸后,即设计纵容自己的儿子强奸他家的女儿,等等。当然,实行报复性暴力犯罪的人,结果都受到了法律的惩罚。

2. 婚姻纠纷和家庭暴力。婚姻是人生“终身大事”,家庭是社会的“细胞”。正确处理恋爱、结婚、离婚等问题,并非“小事”,也不完全是“私事”。我国《婚姻法》对婚姻、家庭问题做出了明文规定。可是,在农村中违反《婚姻法》,发生婚姻、家庭悲剧的现象却比较严重。主要违法案例有:

(1)仇杀、伤害反目恋人或配偶并连累相关无辜。例如,男青年张某与邻村女青年王某订婚后,王某发现张某游手好闲且有小偷小摸习气,便向张某提出“解除婚约”(按:“订婚”无法律效力,本无须“解除”)的要求;张某恼羞成怒,竟然无视国法,残忍地把王某的双手和一只脚砍掉。又如，少妇萧某发现丈夫有婚外恋，竟失去理智，贴大字报对丈夫的情人贺某进行诽谤，并持水果刀划破贺某的脸部。结果张某和萧某分别受到刑法的惩处，其中萧某的行为构成诽谤罪和故意伤害罪，被判处有期徒刑4年6个月。

(2)配“阴亲”违法犯罪。有的农村由于封建迷信或早婚习俗，有人竟然盗女尸、给亡男配“阴亲”。村民朱某的未婚儿子刚刚病死，此时村头公路边有一具因车祸死亡的女青年的尸体待领，朱某便“给”女尸200元人民币，将其与儿子配亲合葬；又如，村民瞿某的妻子死亡，竟将妻子的骨灰与同姓死亡的一名男子汉的骨灰“配阴亲”，声称“她是我老婆，我有权安排结阴亲”。青年农民刘某不到结婚年龄，为了早日与女友李某成婚，竟然借用自己死去的大哥的名字骗得结婚证。后来女方要求离婚，说：“我一想到与一个死人结婚，心里就犯疑。这种活人打我、死人缠我的生活没法过！”前两个案例的朱某和瞿某，分别构成了盗尸罪和民事侵权行为；后一个案例属于“非法同居”，已予解除。

(3)家庭暴力犯罪。农村家庭暴力现象由来已久。因受封建传统观念束缚，不少人认为丈夫打老婆、父母打子女是平常小事，至于兄弟相残也属“家务事”。正是在这种错误认识和落后习俗的支配、掩护下，发生了一些家庭暴力犯罪案件：丈夫残害妻子，妻子毒害丈夫，父母虐待子女，青年杀母，少年弑父，兄弟之间相互伤害，媳妇毒死婆婆、妯娌、伯父等等。例如，××市××区农民黄某用2000元买江西女青年钟某为妻，认为自己买来的老婆，便可以随意打骂，钟某因此患了精神病。黄某不但不给妻子治病，反而将钟某关押在一个仅有两三平方米的小木屋里达6年之久，钟某被折磨得体重只有30多公斤。黄某终于以“虐待罪”落入法网。又如，中年妇女陈某与丈夫袁某感情不和，竟趁袁某熟睡之机，将双股电线灯头卸下，去掉绝缘皮，通电后用裸露电线触及袁某脖子，幸亏袁某惊醒未死。但陈某已构成故意杀人罪，被依法判处有期徒刑3年。再如，××省××县25岁的青年村妇赵某于2002年因家庭琐事纠纷，竟然在饭中下毒，先后将其婆婆、大嫂和大伯3人毒死，当年9月被警方侦破(《法制日报》2002年9月19日报道)。此外，还有25岁的少妇用鼠药拌腊肠毒死43岁的丈夫等案例。古人云："国之本在家"，俗话说："家和万事兴"，可见家庭和睦意义非小。根据《婚姻法》规定，"夫妻在家庭中地位平等"，不存在谁"尊"谁"卑"问题，其中还特别规定："对实施家庭暴力或虐待、遗弃家庭成员构成犯罪的，依法追究刑事责任"(《中华人民共和国婚姻法》第45条)。如果夫妻"感情确已破裂"，完全可以向法院提出离婚请求。可是上面的当事人却往往在"家丑不外扬"等传统观念束缚下，最终违犯法律，采取了野蛮的处理方式。据有关资料统计：当前我国约有30%的家庭中存在着家庭暴力，其中95%以上是丈夫对妻子实施暴力。出现这些家庭暴力的根本原因，正如古人所说："实由教化不兴，男女均无家庭教育"，"大凡两人在一起，皆糊涂，皆任性，必有奇祸随之。"另外也与男女经济地位有一定关系。因此，今天在农村加强《婚姻法》和《刑法》的宣传教育是十分必要的。

3. 对严重犯罪行为"私了"。在一些农村，发生了杀人、盗窃、强奸、交通肇事等案件之后，有的受害人与其家属以及村干部不是依法通过举报或者起诉的方式解决，而是通过私订"协议"、索取钱财的方法，或者通过擅自"为民除害"的手段来解决。结果加害人与被害人都构成违法犯罪行为。例如：村民孔某与李某因口角细故发生撕打，后来李某纠集他人手持铁锹等凶器闯入孔家，将孔某之弟打伤致死，李某以赔偿孔家58000元为诱饵，要求孔某毁灭罪证"私了"。孔某居然与凶手李某达成"协议"，将其弟的尸体火化，将其弟的病历毁灭。结果，李某以故意伤害罪、孔某以包庇罪双双被人民检察院批准逮捕。又如，村民李某骑摩托车在村口将王某的小女儿撞伤，李某和王某都没有报警，而是在村干部说合下，除李某掏医疗费之外，还一次性给王某500元钱了结。后来小女孩因伤势严重，王某又找李某索要治疗费遭拒绝，只好将女孩送到县医院，自掏医疗费1300余元，吃了个"哑巴亏"。按法律规定，交通事故只能由公安机关处理，任何单位和个人都无权处理。此外，农村发生的一些奸情案件，多由犯罪嫌疑人主动向被害人或其家属表示愿赔付“贞操费”、“精神损失费”；也有少数被害人家属主动索要“遮羞费”等，条件是“不报案”。这种人权与金钱交易，实质属于包庇、敲诈、妨碍司法的违法行为，而且给被害人留下后患。还有一种“私了”的案件，是擅自打死、毒死精神病人，其行为构成了故意杀人罪。

4. 邻里纠纷引发犯罪。邻里关系是重要的人际关系之一，直接关系家庭幸福。因此，古来有“千金买邻，八百置舍”和“远亲不如近邻”的说法。邻里之间如果能结“芳邻”之好，彼此相见会似春风扑面；如果结“怨邻”之恶，彼此相见会似寒风刺骨。邻里之间“鸡犬相闻”，“低头不见抬头见”，难免产生某种矛盾，例如，宅基、过道、抛物、泼水、排水、家禽、家畜以及小孩儿打架等，都可能引起磨擦，关键是能否相互宽容、谅解和信任。古人说“居乡（邻里）恕（宽容），乡乃睦”，一点不假。按照今天法律规定，相邻各方“应当按照有利生产、方便生活、团结互助、公平合理的精神，正确处理截水、排水、通行、通风、采光等方面的相邻关系。给相邻方造成妨碍或者损失的，应当停止侵害，排除妨碍，赔偿损失”（《中华人民共和国民法通则》第 83 条）。此规定明确了“相邻权”和“相邻义务”，要求邻里之间应该依法防止和正确处理各种矛盾。可是，现实生活中常有邻里为鸡毛蒜皮小事互不相让、打架斗殴，甚至拿刀弄杖导致伤人害命的案件发生。其中有的是偶然的，也有的是积怨已久。例如，村民李某因自家一只鸭子受伤与邻居王某发生纠纷，竟残忍地杀害了王某夫妻俩，自己也一命呜乎，人称李某上演了一出“一只鸭子三条命”的悲剧。又如，妇女王某与已分家的小叔子陈某因在责任田地头上拉一车土而发生对骂扭打，王某受伤后，一气之下服毒自杀，陈某以故意伤害罪锒铛入狱。应指出的是，旧社会邻里之间闹矛盾多是由于“穷”字，而现在邻里之间闹矛盾有些是由于“富”字。比如，有的案件是因为盛宴饮酒失态，打麻将、放录音机声音喧闹等引起的。事实说明，提高人的法律意识和文化素质特别重要，生活富裕了不等于思想觉悟提高了。

5．个体劳务纠纷。近年来兴起一些村镇企业，少数个体老板忘掉了自己也是农民，只认钱不认人，不学法不懂法，只想用最低的报酬、简陋的设备多盈利。外出打工的青年男女，不知用法律保护自己，不敢提出签订劳务合同；或者虽然签合同，由于自己处于弱势，也只能认可“不平等条约”。在有些村镇，实际出现了“包身工”现象：打工者干有害身体健康的工种，劳动强度又大，待遇低，医疗费无保障。例如，××省×镇农民办的包箱厂，老板招收外省打工的女青年，在封闭式的生产和吃住一体的房间里，使打工女青年每天长时间接触含有毒性化学物质“苯”的粘合剂，且每天只能睡4小时觉，结果，一年时间里先后有几个女青年患上“再生障碍性贫血”症，有的已经死亡，因此引起一场官司。另外，也有打工的农民因琐事，对个体雇主进行报复杀人。这说明，无论主、雇，都迫切需要根据有关《劳动法》及《刑法》的规定，调整和约束自己的行为。

6.“好心”法盲违法犯罪。有的村民心地善良，热心公益，但是由于不懂法，好心往往办了坏事。比如，抓到小偷，不交司法机关处理，擅自将其毒打致死；见到本村人与邻村人发生纠纷，奋不顾身参加“械斗”；听到有人说某民警的坏话，即参加围攻公安机关，等等。例如，2001年6月，××省×县村民12人，明知一起家庭内部凶杀案的内幕，不但不向公安机关举报，反而帮助这家将尸体擅自送火葬场火化，毁灭证据，结果“‘法盲’瞎帮忙，帮成了嫌疑犯”。

7．未登记却“复婚”。村民张某（女）与李某（男）离婚后均未再婚，后在旁人劝说下二人又吃住在一起，对外人称“复婚和好了”。不久，李某因车祸死亡，肇事人赔偿3万元，全被李某父母领走。张某向法院起诉，要求继承李某的赔偿金及遗产楼房一栋、解放牌货车一辆。法院依据我国《婚姻法》第35条规定：“离婚后，男女双方自愿恢复夫妻关系的，必须到婚姻登记机关进行复婚登记”，认为原告张某与被继承人李某和好却未进行复婚登记，属于非法同居，故不能继承李某遗产。张某后悔地说："这都是因为不懂法呀！"

8. 合谋充当"替罪羊"。在农村，当某人触犯刑法时，常有无辜者出于亲情或"义气"，挺身为其顶罪，俗称当"替罪羊"。例如：某村王氏父子用木棍、板斧将夜间闯入家中的光棍汉孙某打死后，作为儿媳和妻子的魏某，为了"保护丈夫和公公"，向公安机关"自首"；村民万姓父子二人不堪亲属万某欺压，盛怒之下两人用镐头、锄头将万某打死，之后，父亲独揽罪责，让儿子去"举报"；又如，养父苟某私藏枪支获罪，养子娇某为报"养育之恩"，出头替养父顶罪。此外，也有用金钱、美色、威吓等手段使有劣迹的人代为认罪的，如，青年农民邵某，因建房与邻居杨某发生纠纷，把杨某打成重伤。邵某的姐姐出钱雇法盲祝某背诵口供顶罪。尽管"替罪羊"能够蒙骗一时，但是"纸里包不住火"，终究两败俱伤，连"替罪羊"也以伪证罪、包庇罪受到惩处。我国《刑法》第310条规定："明知是犯罪的人而为其提供隐藏处所、财物，帮助其逃匿或者作假证明包庇的，处3年以下有期徒刑、拘役或者管制；情节严重的，处3年以上10年以下有期徒刑"，并规定"事前通谋的，以共同犯罪论处"。例如，前面案例中"代人坐牢"的祝某，以犯伪证罪被判处有期徒刑5年6个月；真凶邵某，以犯故意伤害罪被判处有期徒刑7年。应强调指出的是，"替罪羊"的做法，古今皆有，但古今法律都是严厉禁止的。正确的做法应该是：犯罪人，主动投案自首，争取宽大处理；讲"义气"者，应坚持"君子成人之美，不成人之恶"，"利于国者爱之，害于国者恶之"。

9. 暴力抗法。人民法院的裁判决定，相当于法律，案件当事人必须履行，否则人民法院将要依法强制执行。但是有的当事人输了官司，不但不自觉执行生效裁判，反而抗拒法院强制执行，甚至纠集不明真相的人围攻司法人员。例如，村民梁某与吴某因过道纠纷争讼，县法院判决被告吴某拆除共同通道上的水泥地板，恢复原状。判决生效后，县法院根据原告梁某的申请，向吴某发出执行通知书，限期履行判决。吴某拒不履行义务，法院遂于 2002 年 6 月 14 日到吴某家进行法律宣传教育，但吴某弟兄竟向执行干警扔炸药、扣押并砸坏警车，还把老母背到法院闹事，煽动 300 余人进行恐吓。后吴氏兄弟被刑事拘留。我国《刑法》第 313 条规定："对人民法院的判决、裁定有能力执行而拒不执行，情节严重的，处 3 年以下有期徒刑、拘役或者罚金。"吴某兄弟抗拒执行，为国法所不容。

10．单身"老汉"性犯罪。现在农村年过花甲的老汉中，文盲或半文盲居多，法纪观念淡薄，其中有的丧偶、离异、鳏居者，往往酒酣饭饱思淫欲，进行性犯罪活动。

11．贪图小便宜上当受骗。某些农民缺少法律保护意识，贪图小利，轻信他人，往往上当受骗，不投诉，不举报，甘愿吃哑巴亏，自认倒霉；购销产品，不订书面合同，不留发票，承诺全凭"嘴一张"；找对象，偏重长相、钱财、谈吐，忽视人品、底细。例如，长相"帅气"有钱的中年男子蒙某，手拿一份离婚判决书，自称离婚后个人财产达 500 万元。女青年于某信以为真，二人很快以夫妻名义同居生活。后因蒙某别案败露，方知蒙某的离婚"判决书"是其伪造的，女青年于某悔恨不已。

12．不知或者不敢报警。有的农民钱财被窃，不立即向派出所报警，却求神"保佑"。某村瓜农冯某，卖瓜挣了 6000 元，准备第二天存信用社，谁知一夜之间血汗钱不翼而飞，冯某夫妇捶胸顿足，把希望寄托在菩萨身上，盼望保佑找回被盗款。然而两个多月过去了，不但没找回分文，反而被神汉巫婆骗去了几百元钱。2002 年 7 月中旬，冯某大女儿从城里参加高考回来，立即到当地派出所报案，民警在辖区内很快挖出了一个盗窃团伙，为冯某挽回了损失。冯某这时才认识到迷信属于愚昧，求神不如依法报警。又如，××省××县个体户张某，其小男孩儿遭绑架后，因慑于犯罪分子威胁，不及时报警，不与公安侦查人员配合，结果人财两空，致使历经 110 天才破案，痛悔已迟。

13. 干部凭“好心”办事。当前农村干部中，察民情、听民声、解民忧、谋民利，一身正气、廉洁无私的好“村官”越来越多，甚至用自己微薄的收入“倒贴”公益事业的也并非个别人。有的村委会不仅实行“政务公开”，而且还实行“政‘误’公开”，一心“围着群众转”，“决不让一户受穷，不让一人犯难”，因此深受村民的拥护。但也有少数村干部不注意学法，不太懂法，凭“好心”办事，往往费力不讨好。例如，有的为了保护村民的庄稼，制定“六畜入地，打死不赔”的规定，竟不知这属于违法行为，容易引起纠纷。还有极个别的村干部作风不端正，发生违法行为。

14. 其他违法行为表现。如，为了防止偷盗，在自种瓜果上喷洒国家禁止的剧毒农药，设置危害他人或牲畜安全的器具（如“千斤砸”）；家里粮食被盗，不报案，却胡乱猜疑，对他人进行拷打逼供。又如，为了离婚、索要欠款，私自涂改、伪造法院文书等。

以上是一些农民法律意识淡薄的主要表现。种种案例表明，减少违法犯罪，已刻不容缓。不懂法、不守法的人，就要犯法，就要吃大亏，就会像断线的风筝一样乱飘一气，结果不知落到何处。法律是每个公民都必须懂得的一种知识，无论什么职业或文化水平。正如一首普法顺口溜说的那样：“《刑法》、《民法》、《诉讼法》，条条连着你、我、他，不懂法律叫‘法盲’，识字也是睁眼瞎。”

二、农民应当明确的几点认识

1. 应该知道法律的重要性。“科教兴国”、“科教兴农”的政策无疑是正确的，因为这的确使国家兴旺，给农村带来了实惠。但是，科学技术必须得到法律的保护。农业科技知识固然可以使农民走出生活贫困，但是，如果农民缺少法律知识或法律意识不强，又极可能遭受意外“人祸”，富裕了但不会幸福。物质生活固然可以给人带来欢乐，但是如果缺少精神生活（其中包括法律知识），却很可能陷入身心双重痛苦。前面所列举的案例中，有的犯罪农民是懂得一定科技知识的，例如，他们懂得用“裸露电线”（物理学）害丈夫，用“自制炸药”（化学）伤法警，可是由于不懂法、不守法，结果受到牢狱之苦。事实说明，在全国，尤其是在农村贯彻《科学技术普及法》的同时，必须大力开展《宪法》、《刑法》、《民法通则》、《婚姻法》、《妇女权益保障法》等法律的学习、教育活动。

2. 应该知道什么是合法行为。简单说，凡是法律所提倡、保护的行为，“于法有据”的行为，即属于合法行为。

3. 应该知道什么是违法行为。凡是法律所禁止的行为都属于违法行为；个人的“好心”、“好意”、“良心”、“义气”未必合法，未必正确；与法律规定相抵触的做法，即构成违法。

4. 应该知道什么是犯罪行为。违法行为情节严重的，符合《刑法》规定的行为，即是犯罪行为。犯罪行为虽有轻重之分，但只要构成犯罪，就会失去人身自由，甚至被依法剥夺生命。

5. 不可知法犯法。有少数案件的当事人，并非不知法，而是明知故犯、蔑视法律，或认为“法不责众”，结果等于“自投法网”。

总之，农村干部和农民朋友应当在努力奔“小康”的同时，主动学法、懂法、守法，人人争取做个知法明理、头脑清醒的好公民。农村的未来是美好的，美好前景的实现，一要靠科学种田，二要靠法律指引。

公民的基本权利和义务

农村各种纠纷、各种案件的发生，无不涉及到公民的权利和义务问题。为了维护当事人的合法权益，为了正确处理和预防各种纠纷，当事人必须明白自己依法享有哪些基本权利，应当履行哪些基本义务，也必须明白对方享有哪些基本权利，应当履行哪些基本义务。权利和义务是互相联系、相辅相成的，而不是单一的、孤立的。没有只享受权利而不尽义务的“特殊公民”。公民的权利和义务，主要体现在我国《宪法》即“根本大法”当中，此外，也分别具体体现在《民法通则》、《婚姻法》、《农村土地承包法》、《土地管理法》、《农业法》、《合同法》、《继承法》、《消费者权益保护法》、《刑法》、《行政处罚法》等法律，以及各种诉讼程序法当中。法律明文规定的公民权利、义务事项，是分清大是大非的具体标准和依据。“欲知平直，则必准绳；欲知方圆，则必规矩”。因此，农民朋友作为我国最大的公民群体，明白自身依法享有哪些基本权利和应尽哪些基本义务，是十分必要的。

一、公民享有的基本权利

根据我国《宪法》和《民法通则》、《刑法》等的规定，公民享有以下基本权利：

（一）政治权利

所谓政治权利，是指公民参与管理国家和地方行政事务的权利。具体包括四个方面：

(1)选举权和被选举权。

(2)言论、出版、集会、结社、游行、示威自由的权利。行使此种权利,必须以不损害国家利益为前提。

(3)担任国家机关职务的权利(符合条件的农民,也可以参加国家公务员考试)。

(4)担任国有公司、企业、事业单位和人民团体领导职务的权利。

(二)民主权利

所谓民主权利,是指公民依法享有的人身和意志自由权。具体包括:

(1)人身自由权;

(2)人格尊严权和住宅权;

(3)通信自由权;

(4)诉讼权(申诉、控告、检举等);

(5)法律面前一律平等权;

(6)特困公民获得国家和社会物质帮助权;

(7)青少年受教育权;

(8)男女地位平等权;

(9)男女同工同酬权;

(10)婚姻、家庭、母亲和儿童受国家保护权;

(11)宗教信仰自由权(邪教除外);

(12)残疾人获得国家、社会帮助以及安排劳动、生活、教育权;

(13)进行科学技术研究及文艺创作权;

(14)休息权;

(15)要求行政复议权;

(16)拒绝非法收费权;

(17)其他法定权利。

上述各种权利,都受到《宪法》和法律的保护。例如,我国《宪法》规定:"中华人民共和国公民的人身自由不受侵犯。任何公民,非经人民检察院批准或者决定或者人民法院决定,并由公安机关执行，不受逮捕。禁止非法拘禁和以其他方法非法剥夺或者限制公民的人身自由，禁止非法搜查公民的身体。”据此，公民当自己的人身自由遭到不法侵害时，就可以依法请求司法机关予以保护。

（三）财产权利

指公民依法享有对物质财产的所有权和使用权以及处理权。具体包括三类财产权：

(1)个人财产所有权。如：个人收入、储蓄、房屋及其他生活用品、林木、牲畜等的占有、使用、支配权（借与、赠与、出卖等）。

(2)土地承包经营权。俗话说：“土地是农民的命根子。”因此，我国《土地管理法》第 14 条规定：“农民集体所有的土地由本集体经济组织的成员承包经营，从事种植业、林业、畜牧业、渔业生产，土地承包经营期限为 30 年。”“农民的土地承包经营权受法律保护。”我国《农村土地承包法》第 5 条规定：“任何组织和个人不得剥夺和非法限制农村集体经济组织成员承包土地的权利。”第 20 条规定：“耕地的承包期为 30 年。草地的承包期为 30 年至 50 年。林地的承包期为 30 年至 70 年。”

(3)财产继承权。既包括死亡公民的个人合法财产（遗产）可以依法继承，也包括土地承包经营权可以依法继承。如果合法继承人的财产继承权遭到侵犯时，合法继承人可以向法院起诉。

（四）债权

所谓债权，一般是指当事人双方根据合同、协议付出代价相互要求给予报偿的权利。此外，有一种特殊的债权，指一方当事人出于好心，为了避免他人利益遭受损失，主动替其提供保管服务的，即法律上称之为“无因管理”（不是因合同关系进行管理）行为，保管人有要求受益人偿付保管人所支付的保管费用的权利。例如，××省×县农民赵某承包了几亩果园，秋天即将摘苹果的时候，全家突然因食物中毒住进医院。此时，当地突降暴雨，村民李某担心赵家遭受损失，便主动花 500 元请帮工，又花 600 元雇汽车，出售苹果 1.2 万斤，得货款 9600 元。其间，一名帮工摔伤支出药费 480

元。赵家出院后，向李某索要9600元苹果钱，而李某只同意返还5000元。经法院审理，认为这是一起“无因管理”纠纷，依据我国《民法通则》第93条规定：“没有法定的或者约定的义务，为避免他人利益受损失进行管理或者服务的，有权要求受益人偿付由此而支付的必要费用。”通过主持调解，两家达成协议：李某返还受益人赵某8020元，赵某偿付好心人李某“酬谢费”300元。

（五）知识产权

指科技、文艺等智力劳动成果所有权，具体又分为发明权、发现权、著作权等。发明权和发现权，包括向专利局申请专利权，领取发明、发现证书权及领取奖金权；著作权，包括署名权、发表和出版权以及获得稿酬的权利。农村科技人员培育优质高产的粮食、林木品种，就可以申请专利权。此外，“农民技术人员经考核符合条件的，可以按照有关规定授予相应的技术职称，并发给证书”（《中华人民共和国农业技术推广法》第13条），凡是盗用、剽窃他人知识产权的行为，即构成违法侵权甚至犯罪行为。例如，在外地打工的青年农民张某喜欢文学，利用业余时间写诗歌，把诗稿存放在抽屉里。不料，同屋“打工仔”刘某未经张某允许，将其创作的诗歌以自己的名字投到一家报刊上发表。张某依据我国《著作权法》第2条关于公民的作品“不论是否发表，依照本法享有著作权”的规定，指出刘某的侵权错误。刘某公开向张某赔礼道歉，并将稿酬退赔给作者张某。

（六）人身权

包括身体权（生命权、健康权）、人格尊严权。人格尊严权又具体包括姓名权、肖像权以及名誉权、荣誉权、隐私权（私生活保密权）等精神完整权，其中，也包括死者遗体、遗骨权及其遗物不受侵犯权等。凡是侵犯公民上述权利的行为，轻者构成民事侵权，重者构成刑事犯罪。在现实生活中，侵犯人身权的案件很多。除了前面列举的暴力犯罪案件之外，还有医疗事故（如某医院医生将手术钳遗留在产妇刘某腹中18年；某医院为唐某做肾结石手术，把一块纱布缝进腹腔内15年，都给患者造成极度的痛苦)、人格侮辱、毁容等案件。凡是公民的人身权遭到侵害时，受害人就可以向法院提起诉讼，请求追究加害人的侵权责任。

二、公民应履行的基本义务

我国《宪法》和其他法律，规定了国家义务、单位义务和公民义务等不同义务类型。公民义务是指公民对他人、对社会、对国家依法应做出的积极贡献，具体指应尽到某种责任或受到某种行为约束。义务和权利是相辅相成的，密切联系的。任何公民享有权利的同时，必须履行相应的义务。例如，“公民享有依法生育的权利，同时应当依法履行计划生育的义务”。根据国务院《社会抚养费征收管理办法》的规定，从2002年9月1日起，凡是不符合人口与计划生育法的规定生育子女的公民，应当缴纳社会抚养费。又如，我国《土地管理法》一方面规定“农民的土地承包经营权受法律保护”，另一方面又规定：“承包经营土地的单位和个人，有保护和按照承包合同约定的用途合理利用土地的义务。”我国《农村土地承包法》，一方面规定家庭承包户“依法享有承包地使用、收益和土地承包经营权流转的权利，有权自主组织生产经营和处理产品”(第16条)，另一方面也规定家庭承包户有承担“维持土地的农业用途，不得用于非农建设”(第17条)的义务。总之，没有只享有权利不尽义务的公民，也没有只尽义务不享有权利的公民。

(一)公民应履行的11种基本义务

1. 夫妻有实行计划生育的义务；
2. 父母有抚养未成年子女的义务；
3. 成年子女有赡养扶助父母的义务；
4. 公民有维护国家统一、民族团结的义务；
5. 公民有维护国家安全、服兵役的义务；

6. 公民有遵守法纪、公共秩序，尊重社会公德的义务；

7. 公民有依法纳税的义务；

8. 公民有劳动的义务；

9. 公民有受教育的义务；

10. 公民在行使自己权利的时候，有不得损害国家、社会、集体利益和其他公民权益的义务；

11. 公民有对犯罪行为人举报的义务。

此外，公民还有其他义务，如：不动产（房屋、土地）相邻各方相互关照的义务；债务人一方相关人员连带义务；捡拾失落物、埋藏物归还物主的义务；欠债还钱义务；知情人作证义务等。

公民应当自觉履行法定的义务。当公民拒不履行义务，使国家、集体或个人利益受到损害的时候，就要依法承担责任。

（二）农村违反法定义务的主要表现

近些年来，农村违反法定义务、损害公民权益的案件不少，主要表现有：

1. 不尽赡养义务。我国《老年人权益保障法》规定，"老有所养，老有所医"，这是我国传统美德的法制化。因为人总是要老的，终归有丧失劳动能力的一天，人老了容易得这样那样的疾病，这是人生的规律。况且，青壮年人的生活与老年人过去的劳动和创造是分不开的，应当"饮水思源"，"滴水之恩，涌泉相报"。可是，却有少数作晚辈的，不愿养活自己的老人，视老人为"累赘"、"多余"，对祖父母无义，对生身父母无情；极少数人不但不赡养父母，反而还百般虐待父母，甚至"弑父弑母"！例如：××省××县某村一对夫妇嫌弃父母，老父去世后，老母加倍受到儿子、儿媳的辱骂，终日吃不饱饭。邻居看不下去，偷偷送些食物给老人吃，一次，被儿子发现了，儿子一边质问老母，一边拧老母的嘴巴，并将老人推倒在地，摔碎老人的饭碗，儿媳也帮腔谩骂婆婆。老人不堪虐待，当天服毒自尽。此外，还有对改嫁老母不愿赡养的案例，儿子以"出嫁的娘，倒掉的墙"为由拒绝对生母赡养。其实，旧习俗应服从法律。《婚姻法》第30条规定:"子女对父母的赡养义务,不因父母婚姻关系变化而终止。"可是这类不孝之子,在老人去世后,往往大办丧事,吹吹打打,热闹非凡,真不知其内心深处是"悲"还是"乐"! 俗话说:"(老人)活着端口水,强似(老人)死了买只羊(祭奠)";"(老人)活着不孝,(老人)死了胡闹。"古人早就说过:"祭而丰,不如养之薄也。"实质上,有的人"大办丧事",是为了给外人看的,目的是往自己脸上"贴金"。

2. 不积极履行教育义务。我国《义务教育法》规定,全国实行小学、初中九年义务教育,凡是适龄入学儿童和少年都必须上学,不得从事其他活动。我国《农业法》规定,国家在农村实施义务教育,发展农业职业教育,提高农业劳动者的文化、技术素质。这些规定,是提高公民素质、强国富民的需要。没有科学文化知识,生产水平和生活水平便不可能提高,因此,"科教兴国"成为国家基本国策之一。当前我国义务教育状况仍不容乐观。根据我国教育部2002年初公布的数字,虽然我国扫盲工作成就巨大,成人文盲由新中国成立之初的80%下降到8.72%,但是,我国15岁以上的人群中仍有8500万人基本上不识字(这意味着15个中国人中就有一个是文盲),文盲人数居世界第二(差不多相当德国总人口)。其中青壮年文盲有2000多万,90%的文盲在农村,文盲中7成是女性。这种状况严重影响农村经济的发展和精神文明的提高。

造成这种状况的根本原因,在于我国有些农村还比较贫困,而具体原因又有两方面:一是有些农民对孩子读书不重视或者不尽抚养教育义务。如,××省×县妇女马某,因丈夫遇车祸死亡改嫁后,竟然以14岁的女儿不随其生活为由,拒不履行抚养义务,被告上法庭后,人民法院根据《婚姻法》第21条第2款规定,判决马某承担女儿的教育费和抚养费。其中,也有一些农民并非不知道让孩子读书的重要性,而是没钱供养孩子上学,自己被迫到城市打工,把孩子托给老年亲属照管,实际等于"放羊"。二是有的地方对义务教育管理不力,经费投入不够。国家对义务教育和扫盲工作很重视，曾经颁发了一系列指令性文件。2002年9月，教育部等12个部门又联合颁布了《关于“十五”期间扫除文盲工作的意见》，指出要“把普及九年义务教育和扫除青壮年文盲作为教育工作的‘重中之重’”，号召各级党委、政府要加强对扫盲工作的领导，“要继续实行地方人民政府、教育行政部门‘双线’承包责任制”。要彻底改变“儿童辍学”现象，除了继续发展农村经济之外，一要增强农民履行教育义务的法律意识，二要加大教育投入，制止中小学乱收费现象。

违法应承担的法律责任

法律是用来保障公民、集体、国家权利使用和义务兑现的工具。任何人只要犯了法，就要承担与其违法行为相当的法律责任，受到法律的制裁。根据违法行为性质的不同，侵权人或不履行义务的人，应当承担三种不同法律责任：刑事责任，民事责任，行政责任。下面分别予以说明。

一、刑事责任

所谓“刑事责任”，是指依据《刑法》规定，行为已经构成犯罪的行为人所应受到的人身、经济惩罚和制裁。构成犯罪的行为，主要指严重危害国家安全、破坏社会经济秩序、侵犯国家或集体以及公民的财产、侵害公民人身权利和民主权利等不法行为，其涉及的罪名有 400 多个，如，杀人罪、抢劫罪、盗窃罪、拐卖妇女罪、侮辱罪、虐待罪、重婚罪等。除《刑法》集中规定刑事犯罪行为内容之外，还散见于其他法律。例如我国《农村土地承包法》第 61 条规定：“国家机关及其工作人员有利用职权干涉农村土地承包、变更、解除承包合同，干涉承包方依法享有的生产经营自主权，或者强迫、阻碍承包方进行土地承包经营权流转等侵害土地承包经营权的行为，给承包方造成损失的……构成犯罪的，依法追究刑事责任。”根据犯罪行为情节轻重的不同，《刑法》对犯罪人的惩处措施主要分为三种：

(1)限制或剥夺其人身自由及政治权利；

(2)剥夺其生命权；

(3)附加或独立适用经济财产惩罚。

在执行刑事惩罚时，依法体现保护未成年人的原则：一是14周岁以下未成年人犯罪不负刑事责任，14周岁以上18周岁以下未成年人犯罪从轻处罚；二是侵害未成年人的犯罪行为从重论处。

近几年来，农村刑事案件类型除了前面列举的之外，还有报复杀人、迷信杀人、报复毁容、侵占财产、刑讯逼供、交通肇事、侮辱妇女、拐卖儿童、藏匿他人贵重遗忘物、盗窃、赌博、诈骗、抢劫、破坏电力设备等。

犯了罪就要被追究刑事责任。例如，村民李某因不同意妻子提出的离婚要求，猜疑是妻子的弟媳张某"从中挑拨"所致，怀恨在心，居然将烈性腐蚀剂硫酸倒在张某脸上，造成严重毁容，被人民法院以"故意伤害罪"判处有期徒刑6年。法律一般与情理是一致的，少年人因身心发育不成熟，缺少自制能力，虽然行为造成危害后果，也要免除或减轻其刑事责任。例如：一名未满14岁的农村女孩到城里当"小保姆"，一天，雇主家15个月的男婴哭闹不止，女孩儿感到心烦，先是捶打男婴胸口，后又抓住男婴双脚使其头部朝下晃动进行吓唬，不慎失手，结果男婴被摔死。按《刑法》规定，这个"小保姆"不负刑事责任；但是介绍保姆的机构和监护人应承担民事赔偿责任。好人在遭受不法侵害时进行反抗，只要行为适当，即使给犯罪分子造成伤亡，也依法不负刑事责任。例如，到某市打工的农村姑娘李某，下晚班回住处途中，突然被迎面来的一个歹徒袁某搂住脖子，摔倒在地，歹徒对其施暴并强行接吻。李某呼喊救命，但脖子被掐住，李某就趁势狠狠咬住歹徒的舌头，歹徒松开手，李某急忙跑掉打"110"报警，公安机关很快把舌头带着血痕的歹徒袁某抓获。女青年李某的行为属于"正当防卫"，不但不负刑事责任，反而还受到司法机关的表扬。

二、民事责任

所谓“民事责任”，是指公民、法人（对依法成立的单位的“人格化”称谓）或其他组织由于侵犯了他人的财产权、人身权等或者不履行应尽的义务时，依据我国《民法通则》等法律所应受到的制裁。民事纠纷发生的原因极其复杂，概括起来不外乎两种：一种是由于无义务的一方侵犯了他人的权利（例如，陌生人骑车撞伤了他人），再一种是由于一方不履行应尽的义务（实质也是侵犯他人的权利。例如，某中学把家在农村的女生秦某的高考录取通知书迟至一年后才转交到她的手中，致使其“大学梦一时难圆”，即属此种）。凡是有侵权和不履行义务行为的，就要依法承担民事责任。例如，我国《农村土地承包法》第 53 条规定：“任何组织和个人侵害承包方的土地承包经营权的，应当承担民事责任。”但就公民来说，承担民事责任是有条件的，即必须具有承担民事责任的能力（简称“民事责任能力”），换句话说，没有承担民事责任能力的人是不承担民事责任的。依据法律规定，公民是否具有承担民事责任能力，主要根据公民的年龄及其独立行为能力的大小而定。具体分为三种情况：

1. 承担完全民事责任的公民。指 18 周岁以上、神智健全的公民，被称为“完全民事行为能力人”，应当独立承担民事责任。

2. 承担部分民事责任的公民。指两种公民：一种是 10 周岁以上 18 周岁以下的未成年人，另一种是不能完全辨认自己行为是非的精神病人。这两种人属于“限制民事行为能力人”（即民事行为能力受到身心发育限制的人），只能相应从事一部分民事活动，承担部分民事责任。

3. 完全不承担民事责任的公民。也包括两种人：一种是不满 10 周岁的未成年人（儿童），再一种是完全不能辨认自己行为对错的精神病人，两者都属于“无民事行为能力人”，因此都不直接负民事责任。他们需要由他们的监护人或称“法定代理人”(一般是其父母等成年近亲属)代理进行民事活动,并代为承担民事责任。

公民承担民事责任的方式主要有10种:

(1)停止侵害;

(2)排除妨碍;

(3)消除危险;

(4)返还财产;

(5)恢复原状;

(6)修理、重作、更换;

(7)赔偿损失;

(8)支付违约金;

(9)消除影响,恢复名誉;

(10)赔礼道歉。

这些方式可以单独适用,也可以多种并用。

在日常生活中,民事纠纷发生的原因相当复杂,构成民事案件的“案由”(案件基本内容)也多种多样,当事人承担民事责任的方式也各有不同。农村民事案件大体可分为两类:

一类是损害人体健康赔偿案。健康权是公民重要权利之一。以暴力手段故意或过失损害公民身体并造成严重后果的,加害人要承担刑事责任;并非故意而造成他人伤亡的,区别不同情况,一般要承担民事赔偿责任。后一种情况的民事赔偿案件主要有:医疗事故案、家畜伤人案、危险物伤害案、劣质电器产品伤亡案、假药伤亡案、见义勇为伤亡案、开玩笑伤亡案、斗殴伤害案等。这些案件有过错的一方或双方应当承担民事赔偿责任。例如,一起医疗事故案:某县村民李某因出现尿频、尿少等症状到县中医院治疗,经医生手术后,患者李某频繁出现打嗝、身上多处出血、肾功能恶化等症状,以致内脏器官衰竭死亡。经某市医疗事故技术鉴定委员会鉴定和人民法院认定:县中医院对受害人李某的疾病诊断正确,但是医疗不当。法院依据我国《消费者权益保护法》第42条规定,判决被告县中医院承担医疗费、护理费、死亡补偿金等共计8.9万元。又如一起危险设施伤害案:村妇张某骑自行车路过乡政府所属水利站建造的一座水泥板桥时,被外露的钢筋绊倒摔到桥下,造成左腿粉碎性骨折,经法医鉴定为十级伤残,花去医药费5000余元。人民法院认为,桥面断裂,不加修缮,也没有险桥警示标志,致使原告张某人身受到伤害,乡政府应负80%的责任,判决被告乡政府赔偿原告医疗费等8000元。此外,见义勇为人受到意外伤害时,受益人应当依法适当进行补偿。例如,村民刘某帮助邻居王某发动手扶拖拉机,在摇动过程中,反弹起的摇把儿将刘某的右小臂打断,住院15天,花各种费用1万余元,经法医鉴定为九级伤残。因医疗费问题刘某与王某发生争议。经法院判决,认定此案属于意外事故,双方均无过错,根据公平原则,依据《民法通则》第109条规定的热心公益人自己受到损害,"受益人也可以给予适当的补偿"的精神,刘某医疗等各种费用的60%由王某承担。

另一类是精神损害赔偿案。所谓"精神损害"是指加害人的行为给受害人造成心理忧伤、苦闷、绝望等严重后果。精神损害所侵犯的内容,多是公民的人格尊严,具体包括侵犯姓名权、肖像权、名誉权、荣誉权、隐私权等。凡是侵犯了公民的上述权利的,即应当依法赔偿其精神损失,包括赔礼道歉、经济抚慰等方式。

长期以来,我国一般公民似乎不大重视或不大了解"精神损害",但近年来随着普法活动的逐步深入,开始重视维护自己的人格权。就农村来说,农民对"家声"、"名声"、"人品"还是很珍惜的,只是在遭受侵害的时候,维护权利的方式稍显简单,且缺少要求"精神损害赔偿"的意识。不过,这种情况正在急速地变化。

当前农村涉及精神损害的案件,主要有下列类型:名誉权纠纷案,肖像权纠纷案,损害遗体、遗骨纠纷案,亲情权纠纷案,悼念权纠纷案,姓名权纠纷案,隐私权纠纷案,荣誉权纠纷案以及恐吓纠纷案等。例如:村民王某借给邻村熟人刘某500元钱,刘某几年一直未还,王某多次催要,刘某表现出"爱理不理"的冷淡态度。王某一气之下与妻子、孩子提着铜锣到刘某的村子里，一边敲锣一边吆喝着："刘××借我的钱，欠账不还，耍赖皮，是个背信弃义之徒，以后乡亲们和他打交道，可要千万小心！"锣声、喊声招得村上人都出来看热闹，议论纷纷，致使刘某几天无脸出门，老母也气病住进医院，二儿子的婚事也因此被女方退掉了。后经县法院判决，认为虽然王某的行为事出有因，但方式不当，目的动机不良，其行为侵犯了刘某的名誉权，给刘某及家人造成了精神痛苦，应承担相应的精神损害赔偿责任。依据《中华人民共和国民法通则》第 101 条有关"公民、法人享有名誉权，公民的人格尊严受法律保护，禁止用侮辱、诽谤等方式损害公民、法人的名誉"的规定，作出判决："①王某赔偿刘某精神损失费 1500 元，折抵刘某欠款 500 元，应赔偿刘某 1000 元；②王某向刘某赔礼道歉。"此案的王某本来可以采取诉讼的方式来维护自己的合法权益，却采取了不理智的错误手段，结果"有理"变"无理"，倒赔了 1000 元。这纯粹是由于王某不学法造成的。需要说明的一点是，幸亏王某的行为"事出有因"，否则会构成诽谤罪。

除了名誉权受侵害要追究加害人的精神损害赔偿责任之外，其他凡涉及公民（包括死亡者）人格尊严的侵害行为，都属于"精神损害"之列。比如：女青年姚某因失恋服毒自杀，与姚家素有矛盾的邻居李某，竟公开胡说姚某是"患性病"导致死亡的；中学生陈某假冒考生齐某姓名被录取，致使齐某中专考试"落榜"；王某思念在 1976 年唐山大地震中遇难的父母，把仅存的一张父母一寸黑白照片拿到某照相馆翻拍放大，不料原照片被照相馆丢失；村民苏某在村头公路上被一辆机动车撞死，在停尸等待处理过程中，村民罗某驾驶一辆吉普车行至出事现场，不辨路障标志，车从苏某遗体上碾过；两家产妇的男婴被产院医生错换；殡仪馆发生"错尸事件"，致使"送葬儿女哭错了爹"，死者生前友好哭错了人，等等。对于上述案件有过错的一方，受害人即可通过法院追究"精神损害赔偿责任"。然而，就广大农民来说，现在对"精神损害"问题还是重视不够的，比如，2002 年 8 月 6 日，××市某镇钻石厂发生的严重事件：80 多名农村来的“打工妹”被怀疑偷窃，遭厂家“裸体搜身”，对此非法行为，当时竟没有人依法抗争和拒绝（见《法制日报》，2002 年 8 月 24 日《80 多名打工者被疑偷窃遭裸体搜身》一文）！

以上是农村近年来的两类主要和新型民事案件。此外，财产侵权案（牲畜相残、抢占宅基、鱼塘遭污染、反目恋人索要赠物、拾金不还等）仍屡有发生。

三、行政责任

所谓“行政责任”，主要指行政机关或其委托的组织及行政工作人员在执行公务过程中违反法定义务，侵犯公民、法人或其他组织合法权益所应承担的行政赔偿责任。其次，也指公民、法人或者其他组织违反行政管理秩序的行为依法所应受到的行政处罚。

违反行政管理所承担责任的方式有：

(1)警告；

(2)罚款；

(3)没收违法所得，没收非法财物；

(4)责令停产停业；

(5)暂扣或者吊销许可证，暂扣或者吊销执照；

(6)行政拘留；

(7)法律、行政法规规定的其他行政处罚。

实行处罚有专门的行政机关，其中，“限制人身自由的行政处罚只能由公安机关行使”。

我国《行政处罚法》第 6 条规定：“公民、法人或者其他组织对行政机关所给予的行政处罚，享有陈述权、申辩权；对行政处罚不服的，有权依法申请行政复议或者提起行政诉讼。公民、法人或者其他组织因行政机关违法给予行政处罚受到损害的，有权依法提出赔偿要求。”此外，对行政机关作出责令停产停业、吊销许可证或者执照、较大数额罚款等行政处罚，当事人还有权要求行政机关组织“听证”，由行政机关与当事人双方互相辩论、质证。

公民在日常生活、生产中应当依法管束自己的行为，处理好使用权利和履行义务的关系。一起农村涉及行政纠纷的案件：女青年刘某与本县某村男青年王某建立了恋爱关系，不久，刘某只身外出打工，王某生怕被刘某“甩了”，就以刘某的名义写了一份结婚申请书，按上了自己的手印，到刘某所在的村委会开具了结婚状况证明及户口证明，然后借用另外一女青年婚前体检证明，带着自己与刘某申请登记结婚的材料，到自己所在的镇政府结婚登记处领取了“结婚证”，并把刘某的户口迁在一起。后来刘某得知此事，异常气愤，表示坚决不能接受某镇政府颁发的“结婚证”，遂向县人民法院状告某镇政府侵权。县法院审理认为：“某镇政府在没有刘某的居民身份证、也没有刘某在结婚登记申请表和领证人栏上签字捺印，且无证据证明刘某亲自到场进行结婚登记和婚前体检姓名与申请结婚人姓名相符的情况下，颁发了结婚证，其行为违反了《婚姻法》和《婚姻登记管理条例》规定，故依法判决撤销某镇政府颁发的王某与刘某的结婚证，案件受理费与诉讼费由被告某镇政府负担。”这起案件是镇政府工作人员严重失职引起的，刘某的合法权益最终得到了保护。按照法律规定，王某弄虚作假骗婚的行为，也应当受到行政处罚或者承担民事责任。

打官司要做好充分准备

公民、法人和其他组织之间以及与政府管理部门之间发生纠纷,是很正常的事情,问题是应当采取什么方式去解决相互之间的矛盾。依据法律规定,绝对不可采取前面所谈到的暴力手段,而只能采取文明的、合法的手段。除了严重刑事犯罪案件之外,正确处理纠纷的方式,主要有五种:

(1)与侵权人自行协商和解或者请村委会、乡(镇)人民政府调解;

(2)向消费者协会投诉;

(3)通过农村土地承包仲裁委员会仲裁;

(4)通过律师进行调解;

(5)通过诉讼即"打官司"解决。

前四种方式属于"非诉讼"方式,一般限于普通的财产、经济纠纷。如果属于严重的侵权行为,特别是涉及人身权利受到侵害的案件,应当通过向人民法院提起诉讼的方式解决,而不宜"私了"。可是在不少农村,由于旧的积习较重,农民对"打官司"仍然存有偏见,甚至缺乏信心,顾虑很多。结果,自己的合法权益得不到及时、有力的保护。因此,该打的官司一定要打。根据现实生活中一些案件当事人的经验教训,打官司事先必须做好充分准备,包括精神准备和"物质"(材料)准备。

一、要打破思想障碍

(一)不要"屈死",而要"告状"

古往今来,一些老百姓由于通过戏剧故事,见到有的正义通过打官司而不能得到申张，便形成了“屈死不告状”的观念。在这种观念支配下，或者以“忍”解忧，以“酒”浇愁，或者以“忘却”自我麻痹，并信奉“吃亏是福”、“能忍自安”、“大度能容”，“善有善报、恶有恶报”以及“多行不义必自毙”等哲学、名教，求得心理平衡。这种“忍恶”之心，不知坑害了多少善良之人，放纵了多少坏人！当然，也有“忍”不下去的时候，往往又采取简单的暴力报复手段。这种观念和做法，在旧中国是不足为怪的，因为当时的法律并非是保护最广大人民群众利益的，更非“专为贫民设的”。旧时代的官府普遍“厌讼”，有的县衙“大堂”公然警示老百姓：“有一日闲且勤尔业，无十分屈休入吾门。”(《长葛县志》)要求老百姓必须有“十分屈”才可以进衙门告状，再加上有理还必须有“钱”，这无异于拒绝受理诉讼，难怪民间有“屈死不告状”之说。但是，在今天的社会主义法制时代，法律的根本目的和作用，是保护国家、集体和公民正当权益的，是为普通老百姓撑腰的。如果某个农民的权益遭到了不法侵害，就应当有决心向法院起诉。

现实生活中，有的农民选择“打官司”的方式维护了自己的合法权益。如：××省××县××镇青年农民王某与××市某建筑公司于1999年秋天签订了一份《楼檐琉璃瓦安装合同》。施工完毕，公司老板表示满意，结算账目欠王某28035.50元，原来许诺完工后一次付清，这时老板却说“公司资金紧张，需等几天”。后来王某多次讨要，老板总是借辞拖延，半年多过去，春节后王某再去要账，公司老板找不到了。王某气得在××市街头呼天喊地，在几乎绝望中想起到××市×区人民法院起诉，该法院通过调解，双方达成协议，公司欠王某货款于2002年6月30日前一次付清。王某打赢了官司。

以上案例说明，当事人只要真理在手，就不要丧失“告状”的信心。自然，现在有的当事人相信“屈死不告状”的说法，也并非完全没有案例根据。不过，那毕竟是少数或暂时现象。

(二)不学杨白劳,要学秋菊

杨白劳和秋菊分别是反映两个社会的两部电影中的著名艺术形象。杨白劳在电影《白毛女》中是个旧中国的贫苦农民。他含辛茹苦干了一年,却“欠下”地主黄世仁的租子,被逼迫用女儿抵债,悲愤绝望中喝下盐卤自尽。杨白劳身在万恶的旧社会,“叫天天不应,叫地地不理”,被逼上了绝路。秋菊是反映当代中国改革开放新农村的电影《秋菊打官司》中的一名农村妇女,具有初步的法律意识。她因丈夫被村长踢伤,要求村长“认个错”,但没有达到要求;为了“讨个说法”,她顽强地先后向县、市公安局请求调解,都没有达到目的;最后向法院提起(行政)“诉讼”,一审败诉,不服,又提起上诉,二审法院初步给了“说法”,被告村长因犯“伤害罪”被“拘留”。秋菊以其朴素的法律意识和顽强的维权精神受到了广大观众的喜爱和赞扬。秋菊是新型的农民形象。她那句“讨(给)个说法”,已经成为流传在老百姓口头上的“打官司”的代名词。

杨白劳和秋菊是两个不同时代的人物。在旧社会,杨白劳选择自杀的手段令人同情,无可非议。但在今天“依法治国”的时代,合法权益受到侵害的公民,却不应当再学杨白劳,而应当学秋菊。

现实生活中学秋菊的人越来越多。例如:×××省××市“蔬菜大王”杜老汉,在当地首创大棚生产技术,成为名人。不料,他在大棚里劳动的照片先后两次被某杂志在报道他人事迹的文章旁边“配发”,他感到“再不说道说道,说不准哪天照片上的我老杜头儿又姓别的什么了”!于是他向法院状告某杂志社侵犯了自己的肖像权,要求停止侵权并赔偿精神损失。经法院判决,被告某杂志社向原告杜老汉赔礼道歉,并赔偿其精神损失1000元。

然而,近年来仍有极少数受害人不是学秋菊,而是学杨白劳。如2002年春节前夕,在我国南方某市打工的农民,有的因年终领不到工钱而发生“跳楼”或“上吊”自杀的事件,也都是可以避免的,完全可以通过向当地人民法院申请“支付令”,或者提起诉讼来维护自己的合法权益。总而言之,老百姓今天有了冤屈之事时,应当学秋菊。

(三)严重刑事犯罪案件不可"私了"

民事案件可以调解,但是严重刑事犯罪案件不可以"私了",应当通过司法机关处理。然而,在某些农村,由于宗族势力大,或者基层干部顾全当地的"政绩",或者受害人为了保全名誉、贪图眼前经济利益等,发生了伤害、强奸、杀人等刑事犯罪案件以后,竟然不向公安机关、人民检察院和人民法院报案,而是私订协议处理。例如,前面谈到的一起伤害(致死)案,孔某的弟弟被李某等用铁锨砍伤致死,孔某经不起凶手愿"赔偿5万余元"的诱惑,居然同意"不报案",迅速将死者遗体火化,并将其医院诊断病历毁灭。这种做法,不仅属于犯罪行为,而且实质上等于纵恶,犯罪分子会胆子越来越大,善良人将不得安宁。

(四)打官司不"丢人"

有些农民由于受到旧观念的束缚,认为打官司是"丢人现眼"的事,特别是亲情之间发生了尖锐的冲突,更是隐忍不告,除非万不得已,结果往往使矛盾加深,甚至发生惨剧。其实,在今天打官司是公民的一种正当权利,受法律保护,属于正大光明行为,且比"动粗"的方式文明呢。可喜的是,现在有些老年农民已经挣脱了思想束缚,理直气壮地主动使用诉讼权,来维护自己的合法利益。例如,××省××县某村80多岁的周老汉,含辛茹苦养大5个儿子,已各自成家立业,子孙满堂,自己却无人赡养。周老汉通过普法学习,心里亮堂起来,就用一首"顺口溜"代替起诉状,把儿子告上法庭:"媳不贤,子不孝,养大5子成孤老。砍柴挑水无人管,洗衣烧饭自己搞。学宪法,以理道,请求法律把子教。"这首顺口溜虽然不合"状式"写作要求,但是法院经调查,内容属实,最后以调解方式,解决了这起赡养纠纷,周老汉的儿媳们一个个承认了错误,并协商了承担今后赡养老人安度晚年的责任和办法。又如,××省×县某村年过7旬的刘老太太,膝下5男3女,均已成家另过。因老伴去世,便随小儿子生活。后因无法继续忍受小儿子和媳妇的冷遇、吵骂、殴打，曾先后两次徒步30余里走上法庭，状告逆子夫妇虐待且故意伤害罪行。后来小儿子被依法逮捕，向刘老太太“双膝跪下，恳请老母宽恕”。最后，法院依法对其小儿子进行了惩戒，并判处小儿子给付刘老太太附带民事赔偿金2200元。事实说明，打官司不“丢人”，是文明进步的合法行为。

（五）上“公堂”不可怕

由于受到戏曲舞台上旧“官衙”“大老爷”审案实行刑讯逼供景象的影响，今天一提“上法庭”，仍有些农民不寒而栗，油然产生一种恐惧感。其实，现在的人民法庭，完全不同于旧时代的“公堂”，现在的人民法官，也完全不同于旧时代的“大老爷”。人民法庭是案件当事人说理的场所，是受害人可以“哭诉”的地方；人民法官是发生争辩的双方当事人的“裁判员”，是法律和正义的卫士。人民法庭在审理案件过程中，坚持公开、公平、公正原则，客观听取当事人双方的意见，重视证据而不轻信口供；判决前注重依法说理，而绝不许可采取恫吓、施刑的手段。即使万一有“刑讯逼供”的法官，也将会受到人民检察院起诉，被追究刑事责任。所以，农民当自已的合法权益受到侵害的时候，应该打消“怕”字，勇敢地走上法庭。

（六）“没钱”仍然可以打官司

在旧时代，“衙门口，朝南开，有理没钱莫进来”。因此，许多平民百姓有冤只好忍痛不告。但是，在今天社会主义法治时代，“有理没钱”仍然可以进法院打官司。

第一，刑事案件一律不收诉讼费。

第二，虽然民事案件、海事案件和行政案件收诉讼费，但是这也并非绝对的，其中有些案件依法可以免交、减交、缓交。免交的对象主要是贫困、老弱、病残的当事人及某些特殊案件。包括：(1)宣告失踪、死亡及选举权纠纷案件；(2)律师事务所依法实行“法律援助”的案件，如赡养、工伤、请求国家赔偿、抚恤金纠纷等；(3)确有经济困难的当事人。此外，其他暂时有困难的当事人，可以向法院申请减交或者缓交案件受理费。

第三，可向当地“法律援助中心”申请帮助。

例如，××省××市村民朱、刘二人，系再婚夫妇，年过70岁，因有的子女不尽赡养义务，两位老人将部分子女告到法院，法院对其免收一切诉讼费用，并迅速开庭审理，而且依法采取“先予执行”措施，解决了二位老人的赡养问题。又如，××省××县8旬老妇姚某，其在县城某工厂工作的女儿不幸病逝，因此断绝了生活来源。按政策规定，厂家除应当负责安葬费以外，还应付给老人女儿生前14个月工资作为老人生活救济。但是该厂却以“厂里办丧事花了钱”为由，扣发老人的救济生活费。老人姚某百般无奈，去找本县一家律师事务所，该所主任周律师无偿地支持老人提起诉讼，县法院判决被告某工厂扣发原告姚某生活救济费属违法行为，也是不道德的行为，理应全部退还。老人姚某未花诉讼费，却维护了自己的合法权益。总之，为了“要让穷人打得起官司”，国家已采取了多种政策和措施。

（七）要信法律，不要信“关系”

秉公执法、执法如山是我国法官信守的基本原则，绝大多数的审判人员也是这样做的。但是也不可否认法官队伍中有极少数“害群之马”，制造司法腐败现象，办“关系案”、“人情案”、“金钱案”，误导一些需要打官司的当事人产生错觉，似乎打官司不是凭证据、凭法律判断是非，而是凭当事人或律师在法院有无“熟人”；似乎律师业务水平高低并不重要，关键要看律师与承办案件的审判员“关系”如何；甚至误认为“有理不如送礼”，有理须花钱买公正，无理可以用钱买理。案件当事人的这种认识无疑是很错误的，是“一叶障目”。应该相信法律，相信法官的绝大多数是铁面“包公”。

（八）可以告“民”，也可以告“官”

我国《宪法》第41条规定：“中华人民共和国公民对于任何国家机关和国家工作人员，有提出批评建议的权利；对于任何国家机关和国家工作人员的违法失职行为，有向有关国家机关提出申诉、控告或者检举的权利”，并规定任何人对于公民“不得压制和打击报复”。总之，在法庭上，公民与“官”的诉讼地位是平等的；在日常生活中，“官”是公仆，“民”是主人，不必怕“仆”欺“主”。

（九）不请律师也可以打官司

一般说，律师熟悉法律，有辩才，能够给当事人提供法律服务，有助于委托人打好一场官司。但是，这并不是说只有请律师才能打官司、打赢官司。根据法律规定，打官司是“以事实为根据，以法律为准绳”的，当事人只要了解本案的有关法律规定，掌握了有利于自己的确凿证据，即使不请律师也可以打官司，甚至打赢官司。况且，盲人、聋哑人、残疾人等当了刑事被告人，自己不必请律师，人民法院应当为其指定辩护律师。

（十）写诉状并不难

根据诉讼程序要求，案件当事人一般都需要向人民法院提交诉状。诉状，旧社会称为“呈词”、“呈子”或“状子（纸）”。那时候，只有极少数耍“刀笔”的文人会写，显得很“神秘”。现在不同了，写诉状有固定的格式，而且是公开的，只要具有一定的法律常识和初中语文水平的人就会写。写诉状并不要求有很高深的才情，只要能够把案情和理由表达明白就行。当然，这是对诉状的基本要求。

上述种种顾虑，都必须打消。这样，才能够及时通过诉讼维护被侵权人的合法权益。

二、要做好案件材料准备

案件材料主要包括三种：案情，证据，法律依据。法院审理案子是“以事实为根据，以法律为准绳”的，案件当事人双方都需要做好事实准备、证据准备和法律依据准备。下面，着重从提起诉讼的当事人角度，谈谈有关案件材料准备问题。

（一）要搞清楚侵权事实

无论何种性质的案件，都必须达到“事实清楚”的要求。具体包括明确下列相关事项：侵权人的目的动机（或起因），侵权行为发生的时间、地点、手段，侵权对象（或称“客体”），行为过程、造成的后果等。其中对当事人之间有争议的情节，尤其需要弄清楚。

（二）要掌握确凿的证据

证据是表明事实真实性的凭据，是打开疑难案件之门的钥匙。案件的种种情节，都需要有一定的证据来证实。打官司的原则之一是“以事实为根据”，实质上即以证据为根据。俗话说“捉贼须捉赃”，即说明证据的必要性。因此，现在流行“打官司就是打证据”的说法，是很深刻、很正确的。诉讼当事人双方，各说各的理，究竟谁真谁假、谁对谁错，关键看谁能够拿出充足、有力的证据来。例如：××省××县村民陈某欠村民张某 1200 元谷子钱，张某碍于熟人面子，没要欠条，但在自己屋内墙上写下“2001 年 5 月 5 日陈××欠谷子钱 1200 元”一行字。两个月后张某病故，其妻向陈某追要欠款，陈某承认曾欠款 1200 元，但咬定已于同年 6 月 24 日晚亲自到张某家里还给张某本人。经法院查证，陈某提供的时间、地点均编得“离了谱”，最后陈某乖乖地认了账。又如，××省×市一名女青年起诉昔日的恋人，请求人民法院判决被告赔偿自己两次怀孕进行人工流产手术医疗费和精神损失费共计 8.09 万元，可是因“缺少证据”，结果“情债难讨”。根据法律规定，证据的种类包括：

（1）物证（实物原件或其复印件）；

（2）书证（如合同、发票、协议书、信件、结婚证等书面证据）；

（3）证人证言（证人言辞）；

（4）视听资料（如录音、录像、照片等）；

（5）当事人陈述（案件利害关系人口头或文字叙述）；

（6）鉴定结论（鉴定书）；

（7）勘验笔录（现场调查、验证文字说明）。

法院审理案件时，要求控、辩双方提供上述证据，并进行质证（辩证）、认证（采证）。其中“鉴定结论”，是指专业技术部门或司法鉴定机构所做的检验结果，对当事人的争议有重要辨别作用。如，

××省××县范某从村民王某家购得小麦 1800 公斤，出具欠条一张，名字写得很潦草、模糊。范某此后拒不认账。王某两次起诉，均因范某否认而撤诉，后王某第 3 次起诉，经法院文检技术鉴定，结论为范某所写，遂判范某偿付原告王某货款 1594.04 元，范某未上诉。此案例说明证据的重要性。另外，当事人决不可提供伪证（如“友情作伪证”），也不可以搞“悬赏举证”（许诺奖赏或酬谢提供有利于自己的证据的人）。作伪证者构成“伪证罪”。

（三）要找出法律依据

无论刑事、民事或者行政案件，当事人为了维护自己的合法权益，都需要先学习有关法律、法规、政策，找出法律上的依据，使案情与有关规定“对上号”。比如，刑事犯罪案件，要从《刑法》中找到依据；民事案件，要从《民法通则》、《继承法》、《婚姻法》、《老年人权益保障法》、《消费者权益保护法》等里面找到依据；行政案件，要从《行政处罚法》、《土地管理法》等当中找到依据。从总体来说，也可以从国家根本大法《宪法》中找到依据。

三、应注意的问题

打官司是严肃的法律行为，决非“儿戏”。因此必须抱着正确的态度：一不打无理官司，二不打“鸡毛蒜皮”官司，三不打无证官司。此外，还应当注意以下几个问题：

（一）提起诉讼的人要合法

向人民法院提起诉讼的人（法律称为“诉讼主体”），一般必须是合法权益直接受到侵害的公民、法人或者其他组织。“公民”，俗称“国民”，是指具有本国国籍的每一个人，法律称之为“自然人”；“法人”是指依法成立的单位，如政府机关、公司、工厂、学校、村委会等，是与“自然人”相区别的“法律人”；“其他组织”，是指不具有“法人”条件的组合体，如合伙商店、村民小组、居委会等。不是直接受到不法侵害的人，一般无权当“原告(人)”。

(二)应当清楚官司的性质

在决心打一场官司时，应当明白要打的是一场什么性质的官司。我国法律规定，根据侵权行为的侵害对象(客体)、侵权行为的危害程度以及侵权人身份等不同，“官司(诉讼)”的性质主要分为三种：

(1)刑事官司(刑事诉讼)。指加害人严重侵犯人身权及公私财产权等犯罪行为，需要依法予以判刑的案件；

(2)民事官司(民事诉讼)。指老百姓之间发生财产、债务、人身等纠纷，需要分清是非、制止侵权行为的案件；

(3)行政官司(行政诉讼)。指老百姓认为政府部门的非法行为(如乱摊派、乱罚款等)侵害了自己的正当权益，需要撤销其错误决定的案件，俗称“民告官”的案件。

此外，还有“海事官司(海事诉讼)”。官司性质不同，司法机关受理案件的程序和要求便有所不同。

(三)要严格遵守“诉讼时效”

提起民事或行政诉讼的人，必须在法定的遭受侵权后的一定期限内起诉，才会具有被法院受诉和保护的效果；起诉超过了法定期限，法院将不予受诉，即丧失了起诉的效果，实质上也即丧失了可能胜诉的效果。这种合法的有效起诉期限，简称为“诉讼时效”。其目的是督促和提醒被侵权人及时请求法律保护，以免时过境迁，证据灭失，给审理工作带来困难。民事官司的诉讼时效一般为两年，即被侵权人知道或者应当知道权益遭到侵害后两年之内。其中还有特殊规定：轻伤害赔偿、产品质量纠纷为1年；在诉讼时效期间最后6个月内，因不可抗拒力或者其他障碍，不能行使诉讼权利的，不受此限(称“诉讼时效中止”)，可以在情况恢复正常后延期起诉。行政官司的诉讼时效，一般是3个月，从被侵权人知道作出具体行政决定之日算起。以上是专就提起诉讼一方来说的。此外，在案件全部审理过程中，当事人双方都应注意遵守有关答辩、上诉等诉讼期限规定。否则会留下遗憾。

(四)要有具体、合法的诉讼请求

打官司的双方当事人各有自己的诉讼请求,都希望得到法院的支持。要想实现自己的愿望,诉讼请求一要具体,二要合法。以提起诉讼的当事人为例,不要笼统请求法院"秉公而断",而应该提请法院判令被告赔偿什么损失和赔偿多少数额。提出赔偿的数额必须与自己所受的损失相当,不可以"狮子大开口",乱开价儿。比如,王某被许某当众骂了几句人身攻击的话,王某除请求法院判令许某赔礼道歉之外,并请求判令赔偿"精神损失 2 万元";顾客陈某发现啤酒瓶中有玻璃碴,就请求法院向商家索赔 20 万元人民币。这些过高的要求,自然不会得到法院的支持。

(五)不必抢先当"原告"

诉讼胜败,取决于有无证据和诉讼请求是否合法、合理、合情,而不取决于是否"原告"。俗话说:"有理走遍天下,无理寸步难行。"但是,有些当事人往往误以为当"被告"面子上不好看,要抢先当原告。其中,不排除古今都有的"恶人先告状"的情况,本来自己无理,却故作受害受委屈的姿态,抢先起诉,企图侥幸得到法院的支持。这种做法,在清明、公正的法官面前是不会得到好处的。当然,合法权益确实遭到不法侵害的一方,理应主动提起诉讼,"先告状"的并非都是"恶人"。

(六)行使诉讼权利也要履行诉讼义务

当事人在诉讼活动中,既要依法享有并使用诉讼权利,也应依法履行诉讼义务。

诉讼权利。主要包括:

(1)提起诉讼的权利;

(2)申请撤诉的权利;

(3)申请审判人员和书记员、勘验人员回避的权利(目的是防止徇私舞弊);

(4)民事被告提出法院对案件管辖权异议的权利和申请调解

的权利；

(5)民事案件当事人在法庭上进行陈述、答辩和反诉的权利；

(6)请求法庭传唤证人的权利；

(7)申请对证据进行司法鉴定的权利。

诉讼义务。主要包括：

(1)提起民事、行政案件的当事人预交诉讼费的义务；

(2)按时出庭的义务；

(3)遵守法庭纪律的义务。

(七)要有承受诉讼风险的意识

打官司好比打仗，既要下定全胜的决心，也要有遭受损失甚至败诉的心理准备。一场官司输赢，其因素很多，即使原告一方百分之百有理，可是涉及到被告有无赔偿能力，涉及到办案审判员素质高低等复杂情况，并非是“一诉必胜”的。所以，提起诉讼时要有承受暂时受挫的思想准备，这样才不至于一旦败诉而精神崩溃。

(八)要正确使用诉讼文书

当事人双方进行诉讼，一般应当采用书面形式，即诉讼文书。民用诉讼文书，分为两大类：一类是诉状，另一类是诉讼申请书。诉状是案件当事人请求法院解决权益争议的主要诉讼文书，诉讼申请书是案件当事人在诉讼过程中的辅助性诉讼文书。这两类诉讼文书各有分工，相互配合，都是当事人行使诉讼权利的有力工具。但是它们依法使用在不同的诉讼阶段，并有不同的格式要求，当事人应当注意正确使用。

打官司要写好诉状

诉状是诉讼当事人依法请求司法机关处理权益争议、制止违法犯罪行为的民用诉讼文书的总称。诉状也叫“书状”，是案件当事人行使诉讼权利的具体手段，诉状写得好坏，对一场官司的结果具有密切关系。因此，诉讼当事人了解并掌握写诉状的一些基本知识是很必要的。

一、诉状的类别

按照“官司”性质或诉讼性质的不同，分为刑事诉状、民事诉状和行政诉状三大主要类别；按照打官司程序或诉讼程序的不同，分为起诉状（含自诉状、反诉状）、上诉状、再审申请书、申诉书以及答辩状。

二、诉状的写作要求

诉状是老百姓打官司的重要工具。案件当事人向司法机关（包括公安机关、人民检察院和人民法院）陈述案情、说明证据、分析理由以及提出请求等，都离不开诉状。但是现在有一种忽视诉状写作的说法，认为“诉状写好写坏并不重要，重要的是‘关系’”。甚至有的人提出这样的问题：“诉状写得‘好’就一定能够打赢官司吗？”这些说法实际包含着对个别司法不公现象的忧虑和困惑。然而，必须明确指出，诉状写作质量如何，虽然不能绝对决定当事人诉讼的输赢,却能够对其诉讼胜败产生直接影响。一般说,如果一份诉状交代案情清晰,说理中肯,格式合乎规范,要素齐备,就会及时被人民法院受理,当事人的合法权益就会及早得到法律的保护;否则,诉状很可能被法院驳回,延误法律保护的时机。

自古以来,民间就有重视诉状写作的传统,因为诉状写得好,法官就会为之“心动”,冤情易申。戏曲《铡美案》、《七品芝麻官》中都有很感人的“起诉状”,可以为证。又如一起真实的案例:清朝光绪年间名吏樊增祥(别号樊山)在陕西为官,有一天接到一份控告伤害行为的“呈词”,状子说控告人被自己的不孝外甥某某殴打,连头发都被抓掉一绺,等等。樊增祥一看状文,勃然大怒,立刻下批:“外甥打舅,拔发一绺。如此横虫,岂能不究!”很快对此案进行了审理。在现实生活中,因诉状写得比较好(见后面写作实例)而打赢官司的例子很多,因诉状写得不合要求而被法院驳回的例子也不少。事实说明,打官司必须写好诉状。一份好的诉状,应当符合下列要求:

(一)诉讼当事人必须合法

诉讼当事人即原告方和被告方,都必须是与案件有直接利害关系的人。否则,被称作“诉讼主体不合”,法院将不予受理。如果当事人是未满18周岁的未成年人,可以由其父母、监护人等以“法定代理人”的身份代替其参加打官司的活动,但是诉状上的原告或被告,仍然应写未成年人的名字,并且写在前面,而把“法定代理人”的名字写在被代理人的后面。

(二)必须遵守统一的诉状格式

诉状格式是由最高人民法院依据诉讼程序规定设计的,全国统一使用。每一种诉状都有自己的格式特点,又有基本相似的结构。一般说,诉状都由首部(包括标题、诉讼当事人及参加人事项)、正文(包括诉讼请求、事实与理由以及各种证据)、尾部(递交司法机关名称、附带说明事项、当事人签名。附带说明事项,主要说明向对方当事人提供的副本数和证据件数)组成。其中,应着重写好下列内容：

1. 正确写明当事人的各种身份事项。包括姓名、性别、年龄（写出生年月日，按公历填写）、民族、籍贯、文化程度、职业、工作单位、职务、住址等。写明各种事项的目的意义，在于达到“准确无误”。否则，在生活中往往有重名重姓、同性别、同年龄的人，很容易发生误解。流传至今的“曾参杀人”的历史故事，说的就是由于同名字的关系，且没有对其他身份事项加以说明、限制，结果一时造成严重误会，把曾参正在织布的母亲给吓跑了。实际上是“与曾参同姓名者杀人”。由此可知写明当事人的各种身份事项多么重要。

2. 正确写明其他诉讼参加（与）人的称谓。诉状除了应写明当事人之外，对其他相关的诉讼参加（与）人也应在当事人之后一并写明。例如：第三人（案件间接涉及其利害关系的人）、法定代理人、法定代表人（法人单位的主要领导）、负责人（其他组织的管事人）、诉讼代理人（律师或当事人的近亲属）、证人等。上述各种称谓的人，应根据案件实际情况来写，没有的不写。

3. 正确写明正文内容事项。诉讼的效果如何，关键在正文。案情不同，具体表达方法便不尽相同。基本要求是：诉讼请求合法、具体、适当；事实与理由清晰、透辟、充分；证据必须确凿。具体写作方法将在后面谈到。

（三）诉状的语言应当准确、朴实、文明

诉状属于重要法律文书之一，能够引起某种诉讼程序的发生和产生某种法律效果，因此写作诉状应当抱着十分严肃的态度。不仅格式内容应符合要求，而且语言表达也应当体现诉状的特点。诉状语言有三个突出特点：

(1)准确。无论说明当事人称谓、身份事项（例如“年龄”，必须是实岁，不可写虚岁）或证据名称，也无论叙述案件事实、讲明理由以及引用法律，都应当避免出现内容错误或文字差错。在诉状写作实际中，往往产生明显的文字错误，影响了打官司的进程。如，有某些诉状把“泸县”误写成“沪县”，把“货款”误写成“贷款”（或者相反），把银行“存款利率”误写成“贷款利率”，把“砍倒”误写成“吹倒”等等；也有的诉状分不清“扶养”（养活，适用面广）、“抚养”（长辈对未成年人养育）、“赡养”（晚辈在生活上对长辈进行帮助）三个词含义的区别。这些例子虽然只是“一字之差”，可是造成“事实不清”，案情大变。

（2）朴实。诉状陈述事实，论证理由，都适宜用实实在在的语言进行表达，一般不适宜形容，更不可用夸张的词语（如“被告一贯品行不端”等写法）。

（3）文明。诉状语言既要朴实，又忌用生活中的污言秽语。有关规定指出：“当事人在诉状中有谩骂和人身攻击之词，送达副本可能引起矛盾激化，不利于案件解决的，人民法院应当说服其实事求是地修改。”（最高人民法院《关于适用〈中华人民共和国民事诉讼法〉若干问题的意见》第140条）

总之，诉状语言应该是准确朴实，雅俗共赏。例如，一份妻子控告丈夫“婚外恋”并对其进行虐待的刑事自诉状，这样叙述案情：

被告生活富裕之后，养成饱暖思淫恶习，玩弄女性，对于家庭时常找碴儿发生口角；经婉言劝其改邪归正，免致摧残身体，他则不理不睬；遇其带女友回家，原告略一询问姓名，被告举手便打。似此强暴无理举动，竟将原告殴打得遍体鳞伤，反倒要原告向他赔礼认错；倘不答应要求，必致吵闹到天亮方休。只是他乘我色衰爱弛之际，视我为眼中之钉，因此感情日渐破裂，我只好自叹“薄命”罢了，没遇上好人；又受封建脑筋束缚，处于奴隶不如地位，暗自饮泣吞声，度日如年……

这段叙述遭受被告实施家庭暴力、原告艰难处境的文字，写得简洁扼要，层次清晰，文情兼备。其中如“殴打得遍体鳞伤”、“乘我色衰爱弛之际”、“处于奴隶不如地位”，都是很切实感人的语言。不过，这份诉状的事实，虽然概括性很强，但是也有缺点，即缺少典型事实举例。

诉状写作还有一点要求是,“具状人”在叙案说理过程中,用第一人称“我”效果较好。

刑事官司与刑事诉状

刑事诉状是犯罪案件的被害人、被告人或其近亲属等依据我国《刑法》和《刑事诉讼法》的规定，请求人民法院保护公民合法权益的文书。

刑事案件分为公诉案件和自诉案件两种。根据刑事案件提起诉讼主体（人民检察院或者公民）和诉讼程序的不同，刑事诉状的类别有：刑事自诉状、刑事反诉状、刑事附带民事自诉（或反诉）状、附带民事起诉状、刑事上诉状、刑事申诉书、刑事答辩状以及控告状（信）、举报信等。打刑事官司，当事人一律不交纳案件受理费。

一、刑事诉状的写作特点和要求

刑事诉状的内容直接关系到案件当事人犯罪、判刑、甚至“蹲大狱”等法律后果，因而有鲜明的写作特点和严格要求。

（一）刑事诉状的特点

1. 诉讼请求的严肃性。刑事诉状的写作目的，或者是请求追究当事人的刑事责任，或者是请求免除、减轻当事人的刑事责任，都直接关系到当事人的人身自由、甚至生命权的问题，因此其诉讼请求具有特别的严肃性。刑事诉状的诉讼请求，大体可分为两种：一种是单纯就刑事处罚问题提出请求的；另一种是除就刑事处罚问题提出请求以外，还就附带民事赔偿问题提出请求的。每一种刑事诉状的具体诉讼请求，都应当十分慎重，因案而异。

2. 案由名称的规范性。刑事诉状所反映的犯罪情形是多种多样的，但是，尽管案件情状细节各异，而“罪名法定”，必须依据我国

《刑法》所规定的400多个罪名作为案由名称，任何人不可以自立犯罪名目。

3. 案情要素化。刑事诉状反映的案情必须真实、清楚，而且应当写明犯罪情节要素。所谓“犯罪情节要素”，是指与认定犯罪有密切关系的某些情节，如犯罪分子的目的动机，犯罪活动的时间、地点、手段，侵害对象（客体），行为过程，对被害人的人身、财物造成的危害后果以及作案后的态度表现等。对于其中有争议的某个情节，还应当着重予以叙述说明。

4. 说理注重证据与法律的结合。刑事诉状论证理由，主要依据《刑法》所规定的犯罪行为特征、处罚（量刑）办法以及有关刑法理论，对照具体犯罪情节进行分析，说明行为人是否构成犯罪、构成何种犯罪、有无从轻处罚条件等。虽然被害人的诉状与被告人的诉状写作目的不同，但是都必须用证据和法律相互印证的方法来说理，做到言之有据，而不可空发议论。

（二）刑事诉状的写作要求

1. 写作态度必须严肃认真，一丝不苟；

2. 陈述案情必须实事求是，真实、客观；

3. 语言表达必须准确、朴实、清晰；

4. 诉状格式必须合乎规范。

下面分别谈谈主要刑事诉状的写作方法。

二、怎样写刑事自诉状

刑事自诉状是刑事自诉案件的被害人或者其法定代理人、近亲属依法直接向人民法院控告被告人罪行，请求予以制止并追究其刑事责任的书状。所谓“自诉”，是相对于人民检察院提起的“公诉”来说的。刑事自诉案件属于罪行较轻的一类案件。

我国《刑事诉讼法》第88条规定：“对于自诉案件，被害人有权向人民法院直接起诉。被害人死亡或者丧失行为能力的，被害人的法定代理人、近亲属有权向人民法院起诉。人民法院应当依法受理。”最高人民法院《关于执行〈中华人民共和国刑事诉讼法〉若干问题的解释》第189条规定：“自诉人应当向人民法院提交刑事自诉状。”上述规定是刑事自诉状的基本依据。

（一）刑事自诉案件的类型

根据我国《刑法》规定，属于“自诉”的刑事案件有三种类型：

1. 法定“告诉才处理”的案件。包括侮辱、诽谤、暴力干涉婚姻自由、虐待、侵占他人遗忘物等犯罪行为。具体如下列行为：当众辱骂或羞辱他人；强行严重体罚折磨上课说话的小学生、淘气的幼儿园孩子；不孝之子不尽赡养义务、打骂父母，等等。对这些犯罪行为案件，只有受害人本人或其法定代理人、近亲属（夫、妻、父、母、子、女、同胞兄弟姊妹）向人民法院控告（告诉），人民法院才会受理（不告不理）。

2. 被害人有证据证明的轻微刑事案件。包括故意伤害、非法侵入他人住宅、侵犯通信自由、重婚、遗弃、生产或销售伪劣商品、侵犯知识产权以及侵犯公民人身权利、民主权利、财产权利等案件。例如，××省××市某村吴某侮辱、侵犯他人住宅一案：吴某的岳母去世后，吴某强行在村民李某的自留地上建坟遭到回绝，恼羞成怒，脚踹李家大门，扬言“今日要你送狗命！”把其岳母尸体摆放在李家厅堂，放上祭品。李某向法院提起刑事自诉，吴某被判处有期徒刑二年。

3. 被害人有证据证明应当依法追究犯罪嫌疑人、被告人的刑事责任，而公安机关或人民检察院作出不予追究决定的案件。简单说，是应当提起公诉而未能提起公诉的案件。例如，一起侮辱尸体案：村民刘家兄弟的母亲久病不愈，便出于迷信思想，认为是同村张某之父的坟在刘家自留山上，压住了“风水”造成的。于是在一天晚上，兄弟4人将张某之父的坟挖开，把棺材内的尸骨鞭打后抛在山野，并砸坏其棺材和墓碑。张某向当地公安部门报案无果，便依据《刑法》第302条“盗窃、侮辱尸体的，处3年以下有期徒刑、拘役或者管制”的规定，直接向人民法院提起刑事自诉。

（二）刑事自诉案件的特点

1. 自诉人负有举证责任（与民事原告相似）；

2. 被告人可以对自诉人进行反诉；

3. 自诉案件可以依法通过人民法院调解处理；

4. 自诉案件容易转化成公诉案件。

例如，一起“故意伤害”的刑事自诉案：被告人王某与自诉人张某是邻居，王某因违反计划生育政策被罚款，怀疑是张某告发造成的，便对张某怀恨在心。一天，趁张某下地干活，迎面掏出藏在腰间的斧子向张某猛砍，并高喊：“今天我非除掉你不可！”张某躲闪不及，被砍成轻伤，张某以王某犯轻伤害罪向法院提起刑事自诉。在法院对此案调解过程中，一天晚上，王某趁张某一人在家之机，又将张某砍成重伤，后被人民法院以“故意伤人罪（未遂）”判处无期徒刑。如果自诉人张某或人民法院及早认识到王某犯罪目的动机、手段的险恶性，提请公安、检察机关采取防范措施，便不至于放任王某罪行升级。

（三）刑事自诉状的写作要求

1. 提起刑事自诉要及时。例如，一起伤害案：李某、邓某因宅基地纠纷发生争斗，邓某耳膜穿孔，经鉴定为轻伤，邓某要求李某赔偿经济损失，李某答应，但迟迟不进行赔偿。7个月之后，邓某提起刑事自诉，李某只承认双方吵架事实，却否认动手打邓，曾经为邓某提供证言的人，这时也改了口；而且邓的伤情也已消失，结果邓某败诉。事实说明，打刑事自诉官司要及时。换句话说，要抓紧向法院递交刑事自诉状。

2. 案由要依据法律规定。刑事自诉案件，除第三种本该是“公诉”案件的之外，都有明确的案由，如诽谤、侮辱、虐待、重婚、遗弃等，一般属于案情轻微的刑事犯罪。诉状写明案由，应符合《刑法》规定的罪名用语，例如，某铁路医院离职院长之子张某，有一天找现任院长孙某给其父报销自费医药费，孙某没有答应当即报销，张某即指责孙某“刁难”，并当众大喊大嚷孙某收受其3000元钱，“不给报销就退钱!”次日又举着一个“贪官老孙索贿3000元”的大牌子在全院作“广告”。后孙某以张某犯“诽谤罪”向法院提起刑事自诉，经法院主持调解，被告人张某愿意向自诉人孙某赔礼道歉，并在医院众人面前宣读“道歉书”。

3. 必须写明和提供确凿证据。刑事自诉状属于“先发制人”的诉状，其写作目的是请求法院追究被告人的刑事责任，这是相当严肃的法律行为，因此必须举出真实的犯罪证据，决不可提供伪证。例如，老妇包某自称被告人杨某用汽枪打鸟，误将她右胸击伤，胸内留有一铅弹，要求法院判令杨某予以“伤害赔偿”。法院审理中，通过法医对包某拍X光片检查，发现自诉人右乳房下粘有圆形胶布，包有一小圆形铅片。揭下铅片后，经透视，自诉人包老妇胸内无子弹阴影。包某哑口无言，其行为已构成诬陷罪。

4. 写好事实与理由是关键。犯罪事实是判定案件性质的基础。刑事自诉状叙述犯罪事实，一须实事求是，不“添油加醋”；二须交代清楚情节要素，如起因，犯罪目的动机、时间、地点、手段，被侵害的人或财物，犯罪过程、后果等。叙述的层次，一般按照案情发生的时间先后写即可，但是应注意主次、详略。例如，一份虐待案刑事自诉状的“事实”：

我今年70岁，膝下有5儿3女，都已成家另过。我老伴1990年因病去世后，第二年我与小儿子梁×全共同居住，并共同出钱将5间旧房翻新重盖。不料，从此因生活琐事，梁×全夫妇经常与我发生口角，吵骂不休，无法共同生活下去。1996年8月，经村干部和5个儿子协商，由梁×全向老三梁×建交款5000元，由老三给我另盖3间房居住，我由梁×建接走。梁×全交款后没几天反悔，又将5000元通过中人索回。我无法容忍亲生儿子把我推来推去，便借住邻居家吃住。1997年7月，梁×全断绝应包付我的口粮，我只好又搬进翻盖的5间房东头两间独自居住。然而一波未平一波又起，同年10月14日上午，我为了做中午饭，到我与梁×全共同承包的菜地里拔1个萝卜，被梁×全看见，硬是不让我拔，还骂我。老二梁×星看到后，斥责他，梁×全不但不听，反将我推倒在地摔伤，经医院诊断和法医鉴定：右挠骨骨折，构成轻伤……

上面这段事实，被告人梁×全对自诉人从吵骂到断绝自诉人口粮，直到因自诉人拔1个萝卜而将自诉人推倒致其骨折，其虐待行为逐步升级，脉络清晰，令人发指！此外，刑事自诉状的理由也是相当重要的部分，写控告理由，应注意指明犯罪行为的危害，并依据我国《刑法》相应条款，认定被告人行为所构成的罪名，然后强调追究被告人刑事责任的必要性(一般说，此种诉状不另提出经济赔偿要求)。例如，本案刑事自诉的理由这样写：

俗话说："乌鸦反哺，羊羔跪乳，马不欺母。"可是以上事实表明，被告人梁×全违背我国孝道美德，触犯国家法律，对亲生母亲随口辱骂、任意断粮、殴打，不但不尽赡养义务，反而几乎到了禽兽不如地步，给我这年迈之人身心都造成了创伤。依据我国《刑法》第206条规定，梁×全已构成"虐待家庭成员"罪，故请求法庭对被告人梁×全依法从严惩处！

这段说理文字，紧扣"虐待"二字，言情论法，中肯有力，值得参考。

(四)刑事自诉状的格式和实例

格式：

刑事自诉状

自诉人：姓名、性别、出生年月日、民族、籍贯、出生地、文化程度、职业或者工作单位和职务、住址等。

法定代理人：姓名、性别（与自诉人关系）、年龄、民族、出生地、文化程度、职业、工作单位、住址（自诉人是成年人的，此项不写）。

委托代理人：姓名、性别、民族、出生地、文化程度、职业、工作单位、住址（是律师的，只写姓名、工作单位和职务）。

被告人：姓名、性别、出生年月日（也可只写年龄）、民族、出生地、文化程度、职业、工作单位、职务、住址。

案由和诉讼请求

事实与理由

证人姓名和住址及其他证据名称、来源

此致

______人民法院

附：本状副本____份（注：根据对方当事人人数提供，下同）。

自诉人：________

____年__月__日

实例：

刑事自诉状

自诉人张××，女，1973 年 2 月 1 日生，汉族，××省××市人，××市××××厂工人，住××市××路××号。

被告人王××，男，27 岁，汉族，××市人，××市××××厂工人，住××市××路××号。

案由和诉讼请求

被告人犯侮辱罪、诽谤罪,要求依法追究其刑事责任。

事实与理由

自诉人同被告人都是××××厂×车间工人,平时在工作上有一些联系,关系一般。1997年2月,被告人写信向自诉人求爱,遭到自诉人婉言拒绝,被告人仍不死心,又连续两次写信向自诉人求爱。为了摆脱被告人的纠缠,自诉人找被告人谈话,给予严肃批评,并告知被告人说:“我已有男朋友了,请勿自作多情。”谁知被告人便怀恨在心,伺机报复。1997年10月2日,被告人从车间主任赵××那里打听到自诉人与本市××厂工会干部×××正在恋爱,便于10月6日上午,将一张侮辱自诉人人格的小字报贴在厂食堂门口醒目处,午饭时许多群众围观,轰动了全厂。被告人在小字报中捏造事实,无中生有地诽谤自诉人,胡说自诉人不讲道德,见异思迁,无情地割断了与被告人的恋爱关系。还造谣说自诉人与×××建立恋爱关系是为了骗取钱财,才认识×××几天就在××公园乱搞两性关系,当场被警察抓住,受到罚款处理。完全是胡编乱造,毫无事实根据。

10月6日下午,厂保卫科人员经过调查,很快掌握了可靠证据,证实了小字报是被告人自写自贴。于是,保卫人员对被告人进行了严厉的批评,被告人表示愿意在车间大会上向自诉人赔礼道歉。当日下午5时下班后,车间主任召开大会让被告人检查,被告人态度忽然蛮横起来,当众胡说八道:“小字报说的是事实,绝对可靠!”并回过头来对自诉人破口大骂:“破鞋!破鞋!”又一次公然侮辱、诽谤自诉人,其气焰之嚣张,实令人难以容忍!

以上事实说明,被告人为了报复,利用张贴小字报和车间大会等形式对自诉人造谣生事,肆意侮辱、诽谤,败坏自诉人的名誉,其行为已触犯了《中华人民共和国刑法》第246条之规定,构成侮辱罪和诽谤罪。自诉人认为拒绝被告人求爱是行使公民的权利,行为正当,无可非议,被告人因此怀恨在心,采取卑劣手段发泄私愤,故意把人搞臭,足见其灵魂肮脏;被告人表面上愿意在会上作检查,向自诉人赔礼道歉，实际上借开会之机，又一次在大庭广众之下对自诉人进行侮辱诽谤，其行为十分恶劣。被告人的行为侮辱了自诉人的人格，败坏了自诉人的名誉，在精神上给自诉人很大的刺激，在不明真相的群众中造成了难以挽回的坏影响。故自诉人特提起诉讼，请依法追究被告人的刑事责任。

证据和证据来源、证人姓名和住址

1. 被告人张贴的小字报复印件 1 份；

2. 厂保卫科调查材料复印件 10 份。

此　致

××市××区人民法院

附：本诉状副本 1 份。

自诉人：张××

1997 年 10 月 30 日

三、怎样写刑事附带民事自诉状

刑事附带民事自诉状，是刑事自诉案件的被害人或其法定代理人、近亲属等依照法律请求人民法院在主要追究被告人刑事责任的同时，并附带判令被告人赔偿因为犯罪行为直接给自诉人造成的物质损失的书状。换句话来说，刑事附带民事自诉状是被害人因为遭受到刑事、民事双重侵害时，提起附带民事赔偿诉讼的文书。

(一)刑事附带民事自诉状的法律依据

我国《刑法》第 36 条规定："由于犯罪行为而使被害人遭受经济损失的，对犯罪分子除依法给予刑事处罚外，并应根据情况判处赔偿经济损失。”我国《刑事诉讼法》第77条规定:“被害人由于被告人的犯罪行为而遭受物质损失的,在刑事诉讼过程中,有权提起附带民事诉讼。”此外,《最高人民法院关于刑事附带民事诉讼范围问题的规定》(法释〔2000〕47号)中提到:“因人身权利受到犯罪侵犯而遭受物质损失或者财物被犯罪分子毁坏而遭受物质损失的,可以提起附带民事诉讼。”以上是刑事附带民事自诉状的主要法律依据。

(二)提起刑事附带民事自诉的条件

根据有关法律规定,提起刑事附带民事自诉,必须符合下列条件:

1. 自诉人(被害人)因被告人的犯罪行为而遭受了物质损失(财物损失或经济损失);

2. 自诉人的物质损失包括因被告人的犯罪行为已经遭受的实际损失和将来必然遭受的损失;

3. 刑事附带民事自诉的原告人一般即自诉人,刑事附带民事自诉的被告人与刑事自诉的被告人相同;

4. 提起刑事附带民事诉讼,应当在递交刑事自诉状同时或之后(判决前),另行向法院递交刑事附带民事自诉状。

(三)刑事附带民事自诉应注意的问题

1. 被害人因犯罪行为遭受精神损失的,不可以提起刑事附带民事诉讼(提起诉讼人民法院也不予受理);

2. 经过追缴或者退赔,不能弥补被害人物质损失,被害人向人民法院民事审判庭另行提起民事诉讼的,人民法院可以受理。

(四)刑事附带民事自诉状的写作要求

刑事附带民事自诉状的结构形式与刑事自诉状相似,但是具体内容有其特点和不同要求:

1. 首部。标题为《刑事附带民事自诉状》;当事人依次写刑事附带民事诉讼原告人、刑事附带民事诉讼被告人。

2. 正文。应依次写明三项内容:

(1)案由和诉讼请求。应当首先说明刑事犯罪案由(罪名),后说明附带民事赔偿的请求。如:“被告人犯伤害罪,请求附带追究被告人给原告人(被害人)造成经济损失的民事赔偿责任。”

(2)事实与理由。应当首先概括说明被告人进行了什么犯罪活动,然后重点写明被告人的犯罪行为直接给原告人(被害人)造成物质损害的具体情况,并引用我国《刑事诉讼法》等有关法律作为提起附带民事诉讼的依据。如:“被告人张××无理抢走我的汽车钥匙,当我去夺钥匙时,他伸手一拳打在我的脸上,造成我‘右耳鼓膜穿孔,传导性耳聋(中度)’,共花去医疗费等2617.89元。被告人的野蛮罪行除应受到惩罚外,根据我国《刑事诉讼法》第77条规定,特请法院一并判令被告人赔偿因其伤害罪行给我造成的经济损失!”

(3)写明有关物质损失的各种证据。

以上是本状写作的基本特点和要求。需要说明的一点是,在实际写作中,也有人把刑事自诉状与刑事附带民事自诉状“二合一”的,标题用《刑事附带民事自诉状》总括。采取这种写法时,需注意状文各部分内容的“双重性”。

(五)刑事附带民事自诉状的格式和实例

格式:

刑事附带民事自诉状

附带民事诉讼原告(自诉人):姓名、性别、出生年月日、民族、出生地、文化程度、职业或者工作单位和职务、住址等。

法定代理人:姓名、性别(与原告关系)、年龄、民族、出生地、文化程度、职业或者工作单位和职务、住址等。

委托代理人:姓名、性别、年龄、民族、出生地、文化程度、职业或者工作单位和职务、住址等(是律师的,只写姓名、工作单位和职务)。

附带民事被告:姓名、性别、年龄、民族、出生地、文化程度、职业或者工作单位和职务、住址等。

案由和诉讼请求

事实与理由

证人姓名和住址,其他证据名称、来源

此致

______人民法院

附:本状副本____份。

原告(自诉人):________

____年__月__日

实例:

刑事附带民事自诉状

自诉人:蔡××,男,26岁,汉族,籍贯××,××饭馆经理,住××市×区××路×号。

被告人:王××,男,23岁,汉族,籍贯××,个体司机,住××市××区××街××号。

被告人:陈××,男,24岁,汉族,籍贯××,无业,住××市××区××街××号。

案由:指控被告人王××、陈××犯有故意伤害罪。

诉讼请求

1. 追究被告人王××、陈××故意伤害罪的刑事责任;

2. 要求被告人赔偿犯罪行为所造成的损失:

(1)赔偿医药费2600元(可扣除被告人已出资的1000元治伤费);

(2)治伤花去的交通费200元;

(3)误工费和饭馆停业损失2200元。

事实与理由

19××年5月22日上午11时许,王××因前一天与史××就债务纠纷发生争执,而带共同被告人陈××、何××(已死亡)到我与史××合开的饭馆(××路××号)找史××寻仇。因史××不在饭馆,王××气急败坏,抄起堆放在饭馆内墙角处的酒瓶使劲往下摔。自诉人蔡××见状上前劝阻。王××不但不听,反而指使陈××、何××一起殴打自诉人蔡××,致使蔡××多处受伤,经司法鉴定为轻伤。被告人殴打自诉人的事实有饭馆帮工赵××、钱××和当时在饭馆就餐的孙××、李××目睹为证。伤害程度有司法鉴定和就诊医院的诊断证明为证。

根据上述证据和事实,被告人王××、陈××共同故意殴打自诉人致自诉人轻伤,已触犯《刑法》第×××条第×款,构成故意伤害罪,应依照《刑法》第××条和第××条之规定追究刑事责任。自诉人根据《刑事诉讼法》第×××条之规定提起诉讼,追究王××、陈××共同故意伤害自诉人的刑事责任。此外,因被告人王××、陈××的共同故意伤害行为给自诉人造成如下经济损失:①花费医药费2600元(王××已出资治疗费1000元);②花去治伤必需的交通费200元;③被告人在饭馆行凶时正值就餐高峰,给餐馆造成损失1500元;④自诉人治疗期间误工费700元。根据《刑事诉讼法》第××条之规定,自诉人提起附带民事诉讼,要求法院判决二被告人连带赔偿因犯罪行为给自诉人造成的物质损失。

证据和证据来源

1. 证人:赵××,住址:×市甲区×××街××胡同××号;

钱××,住址:×市乙区×××街××胡同××号;

孙××,住址:×市丙区×××街××胡同××号;

李××，住址：×市丁区×××街××胡同××号。

2. ××司法鉴定中心鉴定证明。

3. ××医院诊断证明和医药费收据。

4. 交通费收据。

此致

××市甲区人民法院

附：本诉状副本 2 份。

自诉人：蔡××

代书人：桂××

19××年××月×日

四、怎样写刑事反诉状

刑事反诉状是刑事自诉案件的被告人及其法定代理人等针对刑事自诉状的内容，依法对自诉人提出反自诉的书状。刑事反诉状只适用于刑事自诉案件，被告人同样以"自诉人"的身份要求法院追究先起诉的自诉人的刑事责任。刑事反诉状应当在法院一审开庭之前提交。

我国《刑事诉讼法》第 173 条规定："自诉案件的被告人在诉讼过程中，可以对自诉人提起反诉。反诉适用自诉的规定。"这说明，刑事反诉状与刑事自诉状只是向法院提交的时间有先后不同，其内容和写法是相似的。但是，由于刑事反诉状具有一定程度的"应诉性"，在具体写法上也会有某些不同之处。

（一）刑事反诉状的写作要求

1. 应当说明反诉缘由。如："被反诉人（指原自诉人）诉我伤害一案，因事情是被反诉人挑起的，并且也给我造成了伤害，现提出反诉如下”。

2．案由和反诉请求应当明确、合法。如：“请求法院依法追究被反诉人犯诽谤罪的刑事责任。”

3．事实与理由应当具体、切当。反诉状所写的犯罪事实必须与刑事自诉状写的事实直接相关，不可以是互不沾边的另一回事。应当从不同侧面揭开案情真相，让事实说明自诉人对反诉人（原被告人）同样实施了犯罪行为，甚至给反诉人造成的伤害更严重，被反诉人却抢先提起诉讼，不过是“恶人先告状”罢了。但是，反诉的事实必须是真实的，论述理由也不可强词夺理。叙述案情，同样应写明犯罪要素（时间、地点、动机目的、手段、侵害对象、过程、后果等），只是更需要突出争议点；论述理由，应当依据《刑法》指明被反诉人的行为已经构成何种犯罪，应当被追究刑事责任；并引用《刑事诉讼法》第173条作为提起反诉的依据。刑事反诉状的语言同样应当是准确清晰、刚健质朴的。

此外，刑事反诉状同样必须写明有关人证、物证等各种证据。

（二）刑事反诉状的格式和实例

格式：

刑事反诉状

反诉人（本诉被告人）：姓名、性别、出生年月日、民族、出生地、文化程度、职业或者工作单位和职务、住址等。

法定代理人：姓名、性别（与反诉人关系）、年龄、民族、出生地、文化程度、职业或者工作单位和职务、住址等。

辩护人：姓名、性别、年龄、民族、出生地、文化程度、职业或者工作单位和职务、住址（是律师的，只写姓名、工作单位和职务）。

被反诉人（本诉自诉人）：姓名、出生年月日、民族、出生地、文化程度、职业或者工作单位和职务、住址。

反诉请求

事实与理由

证据和证据来源、证人姓名和住址

此致

____人民法院

附:本反诉状副本___份。

反诉人:______

____年__月__日

实例:

刑事反诉状

反诉人(本诉被告人):王×,女,35岁,汉族,××省××县人,×××厂工人。

被反诉人(本诉自诉人):于×,女,28岁,汉族,××省××县人,××商店营业员。

上列被反诉人于×向你院告诉反诉人伤害一案,反诉人因该案是由于被反诉人首先实施了公然侮辱、诽谤的犯罪行为所造成的,特提起反诉。反诉的请求和理由如下。

反诉请求

要求法院依法追究被反诉人于×侮辱、诽谤罪的刑事责任。

事实与理由

我与于×系同院邻居。19××年×月×日晚×时许,我的女儿小丽(7岁)与于的女儿小佳(6岁)在玩耍中因争皮球而发生争吵。

我听到后进行劝解。这时，小佳因没有得到皮球就哭了。于×以为我打了她的孩子，她就对我进行谩骂；我同她讲理，她非但不听，反而提高声音进行咒骂。我与她发生争吵，周围邻居进行劝解的、围观的人越来越多。于×本没理，反而在众人面前捏造事实，说我"卖破鞋"、"找野汉子"等，对我进行侮辱、诽谤。我在无法忍受的情况下，和于×撕打在一起，致于×面部被抓伤3处，肩部被咬伤1块，右手中指骨折。以上事实有周围邻居证实。

本来邻居之间小孩儿因玩耍吵架是常有的事，家长应持冷静态度。但于×却不是这样，无端怀疑我打了她的孩子，并对我进行咒骂；特别不能容忍的是，她竟然在众人面前公然侮辱、诽谤我的人格，严重地损害了我的名誉。在这种情况下我打了她。既然于×首先向法院起诉，要求法院追究我伤害罪的刑事责任，那么，我也以自诉案件反诉人的身份向贵院提起反诉，提请法院根据《中华人民共和国刑法》第246条第1款的规定，追究于×的刑事责任。

此致

×××人民法院

附：1. 本反诉状副本×份；

2. 物证(名称)×件；

3. 书证(名称)×件。

反诉人：王×

19××年×月×日

五、怎样写附带民事起诉状

附带民事起诉状是刑事公诉案件的被害人或其法定代理人、近亲属在法院对刑事判决宣判前，请求法院附带一并追究被告人因犯罪行为直接给被害人造成物质损失的民事侵权责任的书状。

我国《刑事诉讼法》第77条规定:"被害人由于被告人的犯罪行为而遭受物质损失的,在刑事诉讼过程中,有权提起附带民事诉讼。"此规定既适用于刑事自诉案件,也适用于刑事公诉案件。根据有关法律规定,刑事公诉案件的被害人享有下列权利:

(1)对公诉发表意见权;

(2)提请人民检察院抗诉权;

(3)提出申诉权;

(4)对公安机关、人民检察院不予追究的案件有直接起诉权;

(5)提起附带民事诉讼的权利。

被害人提起附带民事诉讼,一般应当提交附带民事起诉状;书写诉状确有困难的,也可以口头起诉。

(一)提起附带民事诉讼的条件

提起附带民事诉讼必须符合以下要求:

(1)提起附带民事诉讼的人,必须是被害人(称作"民事原告人")及其法定代理人或近亲属;

(2)有明确的被告人;

(3)有请求赔偿的具体要求和事实根据;

(4)被害人的物质损失是由被告人的犯罪行为造成的;

(5)属于人民法院受理附带民事诉讼的范围。

被害人提起附带"精神损害赔偿"的,人民法院不予受理。

(二)附带民事起诉状的写作要求

附带民事起诉状的写作要求,和刑事附带民事自诉状的写作要求很相似。主要应做到以下几点:

1. 应符合格式规范。包括符合当事人称谓及身份事项、诉讼请求、事实与理由、证据、致送受理法院名称等规定。

2. 诉讼请求必须明确、具体。例如驾车故意撞死人命一案,附带民事诉讼原告人(死者未成年女儿)要求被告人"赔偿丧葬费、医疗费、抚养费等人民币10万元"。

3. 物质损害事实应与刑事犯罪活动具有密切联系，二者在情节要素方面有一致性。比如，行为发生的时间、地点、手段、过程等，是共同的。对物质损害的事实，应着重写明犯罪手段一并导致民事侵权结果的内容，如，被告人由于对被害人刑讯逼供，致使被害人身体严重损伤，被害人为此损失了医疗费、误工费等。

4. 论述理由，应注意体现“附带民事诉讼”的特点。即着重分析民事损害与刑事犯罪行为之间的直接因果关系，并全面引用《刑事诉讼法》第 77 条和《民法通则》相应条款作为依据。比如对于“刑讯逼供”一案提起附带民事诉讼的，应当引用《民法通则》第 121 条：“国家机关或者国家机关工作人员在执行职务中，侵犯公民、法人的合法权益造成损害的，应当承担民事责任。”

（三）附带民事起诉状的格式和实例

格式：

附带民事起诉状

附带民事诉讼原告人：姓名、性别、出生年月日、民族、籍贯、文化程度、职业或者工作单位和职务、住址等。

法定代理人：姓名、性别（与附带民事诉讼原告人的关系）、年龄、民族、籍贯、文化程度、职业或工作单位和职务、住址等。

委托代理人：姓名、性别、年龄、民族、籍贯、文化程度、职业或者工作单位和职务、住址等（律师只写姓名、工作单位和职务）。

附带民事诉讼被告人：姓名、性别、年龄、民族、籍贯、文化程度、职业或者工作单位和职务、住址等。

诉讼请求

事实与理由

证人姓名和住址，其他证据名称、来源

此致

______人民法院

附:本状副本____份。

附带民事诉讼原告人:________

____年__月__日

实例:

附带民事起诉状

被害人兼附民事诉讼原告人:边××,男,19××年×月×日生,汉族,××市×××镇×××村农民,住本村。

附带民事诉讼被告人:张××,男,19××年×月×日生,汉族,×××镇×××村人,××县农机厂职工。

诉讼请求

1. 被告人犯故意伤害罪,请依法追究其刑事责任;

2. 判令被告人赔偿原告人经济损失15000元人民币。

事实与理由

19××年10月4日下午,原告人在公路边上轧豆子,被告人骑车路过时,一口唾沫吐在原告人手上,原告人刚一质问,被告人跳下自行车二话不说便动手打人;原告人挡了两下,被告人更加疯狂地从路边拾起一块砖头朝原告人头上猛砸,致原告人倒地,不省人事;后经医院抢救脱险,造成原告人经济损失15000元。现在县人民检察院已对被告人提起公诉,原告人为此提起刑事附带民事诉讼。

此致

××县人民法院

附：1. 本状副本 1 份；

2. 书证 5 份。

附带民事诉讼原告人：边××

19××年×月××日

六、怎样写刑事上诉状

刑事上诉状是刑事案件的被告人、辩护人、自诉人、法定代理人、近亲属等不服地方各级人民法院第一审尚未生效的裁判，请求上一级人民法院予以撤销、改判或者发回原审人民法院重审的书状。其中辩护人、近亲属上诉的，必须征得被告人同意并以被告人作为上诉人。附带民事诉讼的当事人及其法定代理人对一审裁判不服，也可以提出上诉。

（一）刑事上诉状的特点

1. 提出上诉有法定期限。不服一审裁定的为 5 日，不服一审判决的为 10 日，都是从接到裁判文书的第二日起算。

2. 当事人一经提出上诉，上级法院必须受理。

3. 上诉理由具有针对性和驳辩性。主要针对一审裁判的错误进行说理和反驳。

4. 上诉状的语言应当简明扼要。

（二）刑事上诉状的内容和写法

刑事上诉状的内容主要包括：

(1)上诉人事项(含公民和犯罪单位不同事项)；

(2)简述第一审裁判文书的文号和裁判结果；

(3)上诉请求和上诉理由；

(4)上诉状所致送的第二审法院名称；

(5)上诉人署名和上诉日期。

应注意的一点是:刑事公诉案件只写上诉人,不写“被上诉人”(不宜把人民检察院或原审法院作为另一方“当事人”看待);刑事自诉案件,可以同时写“上诉人”和“被上诉人”(另一方当事人)。下面重点谈谈上诉请求和上诉理由的写法。

1. 上诉请求的写法。应该针对原审裁判的不同错误提出不同的请求:

(1)原审法院认定事实不清或者证据不足的,可以请求撤销原判,发回重审;

(2)适用法律有错误或者量刑不当的,可以请求改判;

(3)如果原审法院对附带民事诉讼判决不当,可以提出具体的改判要求。

2. 上诉理由的写法。应针对一审裁判的错误内容及其“错因”,用证据和法律进行辩驳。上诉理由因案而异,一般有下面几种情况:

(1)针对一审认定的事实和证据错误进行反驳。

(2)针对一审认定罪名不准进行反驳。例如,把“抢夺罪”错定为“抢劫罪”,或者相反;又如,把“正当防卫”定为“防卫过当”,或者相反。一起不服“防卫过当”判决的上诉状的理由是这样写的:“被上诉人(被害人)刘某等 4 人抢钱未能得逞,围着殴打我一人,我亮出刀子警告他们,刘某捡起砖头连续砸我背部、头部,我一边躲闪一边冲他左腰扎了一刀,我才得以脱身。我的行为应属正当防卫。一审法院判定我‘防卫过当’是错误的。”其中着重写明自己是在遭到不法侵害时“扎了一刀”,突出了“正当防卫”的行为特征。

(3)针对一审量刑错误进行分析。

(4)针对一审违反法定诉讼程序进行反驳。

(5)针对一审判决理由不合事理进行反驳。例如,一起“拐卖妇女(罪)”案的上诉理由:××省×县农家妇女周某受村上两名女青年之托当“红娘”,介绍她们到外省结了婚,男女双方完全出于自愿，周某收下了“谢媒礼”。不料被一审法院以“拐卖妇女罪”判处有期徒刑9年。周某提出上诉，二审改判其无罪。

(6)针对一审枉法裁判行为进行揭露剖析。

论述上诉理由，不仅要注意针对性和抓住关键问题，而且还应注意提出明确论点。例如一起团伙抢劫案的上诉状，被告人之一的张某这样提出不服原判的论点：“①原审判决认定事实部分有误；②上诉人是本案的胁从犯；③上诉人有法定从轻、减轻、免除处罚情节；④原审判决适用法律不当，量刑过重。”然后分别在每一个论点之下予以具体驳辩。这样写，能够给人留下鲜明而深刻的印象，远比“散漫一片”效果要好。

(三)刑事上诉状的格式和实例

格式：

刑事上诉状

上诉人：姓名、性别、出生年月日、民族、籍贯、文化程度、职业或者工作单位和职务、住址等。

法定代理人：姓名、性别(与上诉人关系)、年龄、民族、籍贯、文化程度、职业或者工作单位和职务、住址等。

诉讼代表(被告单位的法定代表人或负责人)：姓名、性别、职务、电话。

辩护人：是近亲属的，写明其姓名、性别、年龄、工作单位以及与上诉人的关系；是律师的，只写姓名、工作单位和职务。

上诉人因……(案由)一案，于×年×月×日收到×××人民法院×年×月×日(年度)×字第×号刑事判决书(或裁定书)，现由于不服该判决(或裁定)提出上诉。

上诉请求

上诉理由

此致

______人民法院

附：本上诉状副本____份。

上诉人：________

____年__月__日

（单位上诉的加盖公章）

实例：

刑事上诉状

上诉人（原审被告人）：孟××，男，48岁，汉族，××省××市人，××省×××有限责任公司副总经理，住××省××市××区××路××号楼×××号。

上诉人因收受贿赂一案，不服××市××区人民法院（94）法刑字第××号判决，提出上诉。

上诉请求

1. 撤销××区人民法院1994年×月××日第××号刑事判决；

2. 宣告上诉人孟××无罪。

上诉理由

1. 原审判决书认定我“身为集体经济组织工作人员，利用职务之便推销商品，接受他人贿赂”，与事实不符，与法律规定相悖。我是应他人的请求帮助传递商品供销的信息，以中间人的身份介绍供、需双方见面，促成双方经济往来的。在此过程中，我一没有以“副总经理”的身份介入其中，二没有利用自己的权力强加于供、需任何一方，与自己的职务没有任何关系。事成之后，供方为感谢我帮助他们解决了产品积压问题，确曾给付我部分“酬谢款”，但这与利用职务之便索取、收受财物有本质的区别，与刑法对受贿罪的规定根本不符。

2. 上诉人为帮助解决供方产品积压问题，曾利用业余时间做了大量的工作，使流通渠道畅通起来，并使供方资金得以周转，经济效益得到提高。从客观上讲，我的行为是有利于市场经济的。我认为，在确定我的行为性质的时候，不应当违背是否有利于社会主义市场经济建立这个大前提，更不应当把业余劳动取得的酬金视为“非法所得”。

3. 由于上诉人的行为根本没有构成犯罪，一审法院适用全国人大常委会《关于严惩严重破坏经济的罪犯的决定》对我定罪判刑，显属不当。

证据和证据来源，证人姓名和住所

1. 证人刘××，住××市××区××宿舍×栋××号。

2. 证人齐××，住××市××区××路×号。

3. 证人华××，××有限责任公司供销部经理，住址不详。

此致

××省××市中级人民法院

附：本状副本2份。

上诉人：孟××

1995年4月20日

七、怎样写刑事申诉书

刑事申诉书是刑事案件当事人及其法定代理人、近亲属等对于已经发生法律效力的裁判不服，请求人民法院或人民检察院予以复查纠正的书状。其法律依据主要是我国《刑事诉讼法》第203条规定："当事人及其法定代理人、近亲属，对已经发生法律效力的判决、裁定，可以向人民法院或者人民检察院提出申诉，但是不能停止判决、裁定的执行。"申诉是《宪法》和法律给予案件当事人的诉讼权利和民主权利，而刑事申诉书是案件当事人行使合法权益的具体工具，对于平反冤狱、打击犯罪以及维护司法机关的公正形象具有重要的促进作用。

（一）提起刑事申诉的条件和要求

根据有关法律规定，提起刑事申诉应当符合下列条件和要求：

1. 提起申诉必须是针对已经生效执行的裁定或判决（与上诉不同）；

2. 提起申诉的人应当是刑事案件的当事人（被告人和被害人）或者是法定代理人、近亲属；

3. 申诉可以向人民法院提出，也可以向人民检察院提出。向人民法院提出申诉的目的，是请求重新予以审理改判；向人民检察院提出申诉的目的，是请求提出抗诉（与上诉又有不同）。

4. 申诉必须有新事实、新的证据和理由。既要有不怕挫折的精神，又不可无理缠讼。

5. 受理刑事申诉的司法人员要认真对待。必须"关心群众的疾苦"，认真审查处理，尽量把问题解决在当地；必须"耐心做好申诉人的思想工作"，对申诉人不得压制、阻挠。

6. 申诉书的提交对象，没有严格的审级限制。可以是原审基层司法机关，也可以是任何上级司法机关。但是申诉的次数并非是无限的（这对司法公正提出了很高要求）。

7. 提出刑事申诉，一般需要提交刑事申诉书。

（二）刑事申诉书的特点和写法

1. 提出申诉的刑事案件一般属于疑难案件，时间跨度大，审理过程往往曲折复杂。例如，××省××市一起刑事申诉案：申诉人高某于1958年被误判参加“反革命集团”，判处有期徒刑20年。高某不服，后来经过20年申诉，终于在1998年8月被最高人民法院予以平反，昭雪了40年的冤情。

2. 提出申诉的案件未必都能够被法院重新审理（这与上诉的效力也有不同）。即使“再审”，也未必都能够改判，关键要看申诉书能否提供确凿有力的新证据，能否提出新的法律依据。最高人民法院、最高人民检察院《关于适用刑事司法解释时间效力问题的规定》（高检法释〔2001〕5号）中规定：“适用新的司法解释对犯罪嫌疑人、被告人有利的，适用新的司法解释。”“对于在司法解释施行前已办结的案件，按照当时的法律和司法解释，认定事实和适用法律没有错误的，不再变动。”这是适用新法律依据的基本原则。例如，××省××市申诉人张某，1957年因强奸、调戏女学生被判处有期徒刑15年。张某由于对所犯罪行的社会危害性认识不足，反复申诉30多年。后经法院再审，发现原审认定罪名证据确凿、事实清楚，决定维持原判。张某在事实面前也口服心服，表示不再申诉。

3. 刑事申诉书必须抓住重点。刑事申诉书应当着重写明两项内容：一是请求事项。一般写法是，首先请求撤销原生效裁判（写明文号），接着写请求如何改判（被告人和被害人的请求不同）。二是写明案件事实与理由。

事实与理由是刑事申诉书最关键的内容。具体写作应符合两点要求：

其一，内容符合法定“再审”的案情：

(1)有新的证据证明原判决、裁定认定的事实确有错误的；

(2)原审法院定罪量刑的证据不实、不充分或者证明案件事实的主要证据之间存在矛盾的；

(3)原判决、裁定适用法律确有错误的；

(4)审判人员在审理本案的时候，有贪污受贿、徇私舞弊、枉法裁判行为的。

只要符合上面四种任何一种情形，一般说人民法院都会进行再审。

其二，先提出概括性理由（论点）而后具体论述（反驳）。根据不同案情，可以采取先总括后分驳或先分驳后总括以及单一反驳等不同写法。具体说，如果生效裁判的“错因”不只一个的话，无论采取先总括几方面的错因（认定证据不确实、量刑不当等等）然后分别驳辩；或者先分别指明错因并予以驳辩，然后总括几种错因予以强调，都是可行的方法。如果生效裁判的“错因”比较单一，采取直接叙述、反驳的方法即可。例如一起“侮辱”案的申诉书：申诉人（原审被告人、上诉人）对生效判决书认定上诉人构成侮辱罪（间接致死人命），判处拘役 6 个月、赔偿经济损失 3000 元的判决结果不服，于是针对生效判决的“错因”即认定证据错误，提出有力的新证据予以驳辩（指出被害人之死是因为母子矛盾造成的，并非自己“侮辱”行为所致），结果经“再审”被宣告“无罪”（详见后面实例）。

（三）刑事申诉书的格式和实例

格式：

刑事申诉书

申诉人：姓名、性别、出生年月日、民族、籍贯、文化程度、职业或者工作单位和职务、住址等。

法定代理人：姓名、性别（与申诉人关系）、年龄、民族、籍贯、文化程度、职业或者工作单位和职务、住址等。

委托代理人：是近亲属的，写明姓名、性别（与申诉人关系）、年龄、民族、籍贯、文化程度、职业或者工作单位和职务、住址等（是律师的，只写姓名、工作单位和职务）。

辩护人：（系律师的写）姓名、工作单位和职务。

申诉人名称（指被告单位）：

所在地址：

法定代表人（或代表人）：姓名、职务、电话。

申诉人×××（姓名或名称）对×××人民法院×年×月×日

(年度)×字第×号判决(或裁定)不服,提出申诉。

请求事项

事实与理由

此致

______人民法院(或人民检察院)

附:1. 原审判决书(裁定书)复印件1份;

2. 证据名称、件数。

申诉人:______

____年__月__日

(法人或其他组织加盖印章)

实例(1):

刑事申诉书

申诉人:李×群,男,25岁,汉族,教师,××省××市人,住××街××号。被害人李×政之弟。

申诉人对××省高级人民法院2001年×月××日(2001)×刑终字第×号判决不服,提出申诉。

请求事项

1. 请求依法改判被告人王×松犯故意杀人罪,处以死刑。

2. 请求兑现给"见义勇为好青年"李×政的家属抚恤金的承诺。

事实与理由

我哥哥李×政见义勇为壮烈牺牲,在一审法院判处凶犯王×

松死刑后，二审法院却以虚构的事实为据，将王的死刑改判为“无期徒刑”，实属严重不公。现陈述事实与理由如下：

2000年×月×日，凶犯王×松在××××一家酒店寻衅滋事。为整治酒店老板，王犯返回家中拿了一把40多公分长的特制尖刀，在大庭广众之下，扬言杀死酒店老板。王犯穷凶极恶，挥刀冲进酒店，先后砍伤、打伤数人。在危难关头，李×政挺身而出，奋不顾身将凶犯抱住，并大声喊道：“不要杀人！这是犯法……”王犯穷凶极恶地挥刀刺入李×政腹部，又拔刀砍向李×政的颈部。连砍数刀之后，王犯又用力将李×政踢倒在地。血泊之中，气息奄奄之际，李×政还叮嘱周围的群众：“快阻止他！”李×政身遭数刀，当场牺牲。

为表彰李×政见义勇为的英雄事迹，××市民政局、团市委、政法委、团××省委追授李×政“见义勇为好青年”、“见义勇为英雄模范”等光荣称号，并向民政厅申报烈士。事后，一些媒体报道了李×政的英雄事迹。

2000年×月×日，××市中级人民法院在证据确凿的情况下，作出一审判决：王×松犯故意杀人罪，判处死刑，剥夺政治权利终身。

然而，7个多月后，2001年×月××日，二审法院以“故意伤害罪”改判王犯为无期徒刑，其理由是“王×松犯罪时未满18周岁”。

英雄亲属携同300多人联名写信，向有关部门、媒体求助。××市检察院上报××省检察院提出抗诉。没过几天，二审法院又下发一份判决书，案号、年月日与前一份判决书相同，只是增加了所谓可证实凶手王×松年龄的材料，其结论仍然是“王×松犯罪时未满18周岁”。

关于王犯的年龄问题，在司法机关侦查阶段及庭审中，被告人供述自己年满18周岁；公安机关《常住人口登记表》也记载了王×松于1982年1月18日出生，其身份证号码为：（略），与当地村委会出具的证明完全吻合；当地派出所出具的证明，也证实了在

1999年12月1日起至12月31日实行户口整顿期间至今，王×松及其家庭成员均没有申请户口变更登记申请；王犯虽没有出生证明，但户籍及其身份证均已确定其犯罪时已年满18周岁。

二审法院在既没有开庭，也没有检察机关监督和律师辩护下，仅凭7个证人的证词，就确定王犯犯罪时未满18周岁。而在一审时，100多名旁听群众，就凶犯的年龄问题联名签字、按手印，驳斥了凶手辩护人提出的所谓“证据”。二审法院为什么在没有公开开庭审理的情况下，就采纳了这7个人的证据呢？难道这7个证人的证词比100多名群众的签名更可信吗？难道国家户籍管理机关出具的证明不具有法律效力吗？

二审法院依据的理由是，王犯当地登记户口均以农历为准。而根据王犯所在××镇所辖的村委会开具的证明，及王犯所在×××村村民开具的证明，均证实当地都以公历为准登记户口。一审期间，×××村村委会也已出具证明，证实了王犯的户籍出生年月，为什么二审时，×××村又出具了一份内容大相径庭的证明呢？×××村村委会先后出具了两份证明，且相互矛盾，为什么二审法院不甄别两份证明中的出入呢？

李×政舍身救人，献出自己年仅27岁的宝贵生命，后来虽经××市城区综治委追认为见义勇为先进分子，并承诺我们向省公安厅见义勇为基金会申请抚恤，但两年多的时间过去了，我们没有拿到一分钱的抚恤金，却为上访呼吁有关部门主持公道花费了大量人力、财力。

××市城区政府申报李×政为烈士，但其申报材料却被××民政局优抚科从2000年9月一直扣压到2001年12月，既不批复也不上报。经我们受害者家属多次上访后才将有关材料上报省民政厅。省民政厅在接到材料后，仅凭××优抚科的申报材料就以“不同意”三个字否定了李×政流血牺牲、用自己的青春生命换取他人生命财产安全的事实。虽然我们多次向有关部门要求对李×政的英雄事迹进行复议，给予李×政应得的烈士荣誉，但至今无人给我们一个合理的答复。现依据《中华人民共和国刑事诉讼法》第203条规定，向你院提起申诉，请依据事实和法律撤销“终”审判决，维持原一审判决结果，让善恶分明！

此致

××省高级人民法院

申诉人：李×群

2002年8月××日

实例(2)：

刑事申诉书

申诉人：谢××，男，19××年×月××日出生，汉族，××市郊区××乡×村人，原××供销公司小车司机。

申诉人谢××对××市中级人民法院19××年×月×日[19××]刑×字第×号裁定书的决定(维持××县法院判处我侮辱罪拘役6个月、赔偿经济损失3000元)不服，提出申诉。

请求事项

请求××省高级人民法院撤销××市法院的裁定，予以重审，纠正其错误，为我申冤，维护我的合法权益。

事实与理由

一、××市法院裁定书中指出，我骂自诉人王××“鳖孙”了，所以构成了“侮辱罪”。我认为这不构成犯罪，因为“鳖孙”是乡下人的口头语儿，虽然不大文明，但不属于侮辱语言。说这句话的背景，是在19××年×月×日我开车回本村帮助张××家娶亲时，在门口见到刘××、马××等人，在闲谈中说到队里因个别人违反计划生育，株连到全村3年不划宅基地的事，对此有所不满。我说：“俺队因有一个人违反计划生育就都不划宅基地，王××个鳖孙还到处叽喳哩!”就这么一句话,难道就构成犯罪吗?××市法院认定我构成了“侮辱罪”,是没有事实根据的。他们有意混淆罪和非罪的界限,不知是出于什么原因。

二、裁定书指出,我公然辱骂王××,是造成弓××自杀的原因之一。裁定书的这一结论,是完全错误的。裁定书写的是我“骂王××”,而弓某的死却要我负责,这就奇怪了!刑法上不是讲“因果关系”吗?我骂的是王××,也就是说王××是被侮辱的对象,王××因我说她“鳖孙”而死亡与我有关,还有道理,她的儿子弓××之死与我有什么关系呢?事实上,弓××是因为与其母吵架而死的!死时,脖子上挂着牌子,上写着“王××,行自午比(按:徇私舞弊),怕豹雷(按:怕暴雷),死有鱼骨(按:死有余辜)。”因死者文化低,写了几个错别字,但其意思很明白:他是对王××怀着极端仇恨而上吊自杀的。××市中级法院歪曲、抹煞了这一事实,把弓××的死因强加在我的头上,这是不合理的,也是不合法的。根据《刑事诉讼法》第148条(编注:此指修订前刑事诉讼法)的规定,特提出申诉,请求依法判处。

此致

××省高级人民法院

附:××市法院裁定书抄件1份。

申诉人:谢××

19××年××月××日

八、怎样写刑事答辩状

刑事答辩状是刑事自诉案件(含附带民事案件)的被告人、被反诉人、被上诉人、被申诉人等针对对方诉状的内容予以回答、驳辩的书状。该书状是处于“应诉”地位的刑事案件一方当事人行使答辩权的手段,多适用于刑事自诉案件。它虽然不属于法定的一种诉状(因为可以用“辩护词”形式取代),但是在诉讼实际活动中属于“约定俗成”的书状类别。

(一)刑事答辩状的写作要求和方法

写作刑事答辩状应符合约定俗成的格式内容。主要应注意两项内容:

1. 正确写明“答辩人”身份事项及案由。关于“案由”的说明,一般是采用“格式化”的写法:“答辩人对××(指自诉人、上诉人等)诉我……(侮辱、诽谤、虐待等)一案,提出答辩如下:”(以下转入正文)

2. 有针对性地进行回答、批驳。刑事答辩状的写作目的是全部或者部分地否定对方的诉讼请求(包括刑事诉讼请求和附带民事诉讼请求),从而免除或减轻答辩人的法律责任。因此,就需要抓住要害情节和争执点,用事实、证据和法律进行有理有节地辩驳。如果答辩人确有一定不当之处,可以首先予以承认,然后指出被答辩一方的违法言行,俗称“欲进先退”;或者在正面摆事实反驳的过程中,实事求是地说明自己由于某种错误心态,导致某种错误言行,以表示悔恨或歉意,争取法庭从宽判处。例如一起诽谤案的刑事答辩状,这样说明案情真相:

……袁××(自诉人,公司经理)于1999年×月找我谈话,让我给老服务公司写证言。袁××承诺说,只要我按他的意思写,他保证我在老服务公司工作，不管今后发生什么事情，只追究王××(被告人之一)；否则，我就得离开老服务公司……由于我爱人长期下岗在家，如果我失去工作，家庭将陷入绝境。在这种压力下，我违心地作了证言。现在袁××违背了诺言，逼迫我站出来说出事实真相。我不怕承担我应担负的那份责任，但是，至少我要揭露出伪君子——袁××的真实面目！

这段答辩，把自诉人诱骗、要挟答辩人(被告人)作伪证的情节写得比较具体，因此反驳比较有力。

应强调指出的是，答辩必须实事求是，有理则辩，无理不辩，更不可耍"小聪明"。例如，重婚案的被告人金某，为了逃避罪责，竟然把第一次开庭时自己承认犯罪事实的庭审笔录抓过来吞吃掉。法庭针对其"毁灭罪证"的非法行为，将其刑事拘留 10 天，罚金 500 元；以"重婚罪"判处其有期徒刑 1 年，并解除其与第三者张某的非法同居关系。

(二)刑事答辩状的格式和实例

格式：

刑事答辩状

答辩人：姓名、性别、出生年月日、民族、出生地、文化程度、职业、工作单位、职务、住址。

法定代理人：姓名、性别(与答辩人关系)、年龄、民族、文化程度、职业、工作单位、职务、住址。

委托代理人：姓名、性别、年龄、民族、文化程度、职业、工作单位、职务、住址(是律师的，只写姓名、工作单位和职务)。

辩护人：姓名、性别、年龄、民族、文化程度、职业、工作单位、职务、住址(是律师的，只写姓名、工作单位和职务)。

答辩人对被答辩人(自诉人、上诉人等)×××(姓名)诉我……(案由)一案，提出答辩如下：

（根据案件实际说明答辩理由和请求）

此致

______人民法院

附：1. 本答辩状副本____份；

2. 证据名称、件数。

答辩人：________

____年__月__日

实例(1)：

刑事答辩状

答辩人：何××，女，36岁，汉族，××省××市人，××省××市××局干部，住××市××××宿舍×栋×号。电话：××××××，邮政编码：××××××。

被答辩人：陈×，男，35岁，汉族，××省××市人，××省××市××局干部，住××市××××宿舍×栋×号，电话：××××××，邮政编码：××××××。

答辩人因陈×指控答辩人犯诱诽罪一案，现提出答辩如下：

1. 答辩人的行为不构成诽谤罪

依照《刑法》第145条的规定，诽谤罪指故意捏造事实并加以散布，公然损害他人人格和名誉，情节严重的行为。构成诽谤罪的主要条件一是要有捏造并公然散布有损于他人名誉、人格的事实；二是出于故意，目的在于损害他人名誉和人格；三是必须情节严重。

从本案情况来看，首先，我没有捏造有损陈×名誉和人格的事实。今年×月××日，陈×在办公室内与他人发生两性关系，是我单位同事刘××、胡×亲眼所见，后来向我和我处王××处长做了反映，这有胡×、王××处长的证言为证，并非我的捏造；其次，我没有有意损害陈×的名誉和人格。我是在×月××日单位党组织生活会上对陈×的生活作风问题提出批评的，目的在于希望陈×引以为戒，能够吸取教训，加以改正，做一名合格的共产党员。这是很正常的同志式的批评意见，怎能被视为故意损害他人名誉和人格呢？难道陈×犯了错误，就不能在组织内部进行批评教育吗？由于我的所作所为并不具备诽谤罪成立的条件，所以不构成犯罪。

2. 陈×的行为应当受到舆论和道德的谴责，人民法院应当驳回其诉讼请求

陈×犯了错误，本应吸取教训，注意改正，但陈×却采取恶人先告状的错误做法，向人民法院提起诉讼，请求人民法院追究我的“刑事责任”，并对他给予“精神损失赔偿”。我认为，对陈×这种知错不改、拒绝批评、一错再错的行为，应当给予舆论和道德的谴责。在这里，我请求人民法院查明事实真相，驳回陈×的诉讼请求，并给予相应的处罚，以寻求司法公正和对公民合法权益的保护。

证据和证据来源、证人姓名和住所

1. 证人胡×的证言；
2. 证人王××处长的证言；
3. 证人刘××，住××市××区×路×号。

此致

××省××市××区人民法院

附：答辩状副本2份；

证据材料2份。

答辩人：何××

1995年×月××日

实例(2):

刑事答辩状

答辩人:张××,男,62岁,汉族,××省××市人,××××学院退休教师,住××市××××大院宿舍区×楼×门×号。

因刘××诉我诽谤、侮辱一案,现提出答辩如下:

我与刘××原系同事,都在××××学院××××教研室任教,我于199×年退休。199×年暑假,我曾为××会计师事务所和我教研室联系,二者合办一期《××××条例》辅导班。199×年元旦,教研室同事赵××、钱××、孙××、李××来我家中看望。聊天中,他们谈到:教研室在与××会计师事务所合办《××××条例》辅导班时,刘××拿着她儿子刚刚创办的公司的发票(据说免税),对学员们说,交10元钱开100元发票,交100元开1000元发票,开资料费回去可以报销。于是学员们纷纷交钱买虚假发票,但具体数目不详。我随即打电话给××会计师事务所的周××询问此事,周亦证实,并表示不满,还说可以提供学员名单备查。我觉得刘××作为一个共产党员这样做是十分错误的,便给学院纪委写了信,希望他们调查。如属实,应加强教育。6月××日,退休党员支部活动,我到学院碰到了纪委书记任××,我问任××,刘××的发票问题你们调查了吗?任××说:"我问她了,她说没这么回事。"支部活动中,退休党员对学院工作提了许多意见和建议,我也提到对类似刘××虚开发票这样的问题,应作认真调查,不能只听她本人一句话,就过去了。活动结束后,恰巧刘××从会场门口路过,有人说"说曹操,曹操到"。刘××就问,说我什么?我说:"关于办班开假发票的事,希望你再跟任××如实谈一下。"刘××甩了一句"少跟我来这一套",就匆匆走了。活动以后的这个过程,时间充其量一分钟,根本不容我有在大庭广众之中"侮辱"她的言行。

我认为,我退休前是系总支纪检委员,退休后也应该维护党风党纪。我向纪委写信反映刘××的问题，在党员活动中交流我所了解的情况，与刘××当面交谈中表达我对她的希望，都既是一个共产党员和公民的权利，也是一个共产党员与公民的义务，根本谈不上诽谤、侮辱。没想到，刘××竟向法院起诉，指控我诽谤、侮辱她。

根据上述事实和理由，现提出答辩请求如下：

一、驳回自诉人之诉讼请求；

二、责令自诉人向我赔礼道歉。

此致

××人民法院

附：本状副本1份。

答辩人：张××

199×年×月×日

九、怎样写控告状

控告状是被害人或其法定代理人、近亲属向司法机关控诉犯罪分子的严重罪行，请求予以立案、侦查、提起公诉、审判，追究其刑事责任的书状。我国《刑事诉讼法》第84条第2款规定："被害人对侵犯其人身、财产权利的犯罪事实或者犯罪嫌疑人，有权向公安机关、人民检察院或者人民法院报案或者控告。"同法第85条第1款规定："报案、控告、举报可以用书面或者口头提出。"上述规定是控告状的主要法律依据。控告状也称"控告书"、"控告信"，是被害人直接向犯罪分子进行斗争、维护自身合法权益的重要法律手段，也是司法机关受理刑事公诉案件的重要来源之一。

(一)控告状的写作要求

1. 控告的罪行必须真实。不得捏造或歪曲事实,并须署控告人的真实姓名。

2. 符合约定俗成的格式内容。控告状虽没有法定格式,但有习惯性格式,内容包括:

(1)控告人和被控告人(法律称之为"犯罪嫌疑人")身份事项;

(2)案由和控告请求。如:"被告人李××犯有故意伤害罪,请×××人民检察院提起公诉(或者请求×××公安局立案侦查;请求×××人民法院立案审理),追究其刑事责任;

(3)写明事实与理由;

(4)写明控告状要致送的司法机关名称、附带说明事项及控告人姓名等。

3. 重点叙述说明犯罪事实和证据。犯罪事实的写法与刑事自诉状相似,应具体写明被告人的犯罪情节,包括犯罪时间、地点,犯罪目的动机、手段,被侵害的人或物,犯罪过程、危害后果等。如果被告人除给控告人(被害人)造成人身、财产损害之外,其犯罪行为还直接给被害人造成其他物质损失的,也须附带写明。叙述犯罪事实过程中,可以随时注明证据,也可以集中写明证据。控告状以叙述说明犯罪事实为主;其次,也应当简要分析、批判被告人行为的违法犯罪性质,并引用有关《刑法》条款指出构成何种罪名,引用《刑事诉讼法》第84条第2款作为控告的依据。

4. 控告状的语言应做到准确、朴实、严正。

(二)控告状的格式和实例

格式:

控告状

控告人:姓名、性别、年龄(出生年月日)、民族、籍贯、文化程度、工作单位、职务、住所。

法定代理人:姓名、性别(与控告人的关系)、年龄、民族、籍贯、文化程度、工作单位、职务、住所。

被告人:姓名、性别、年龄、民族、籍贯、工作单位、职务、住所(被告人身份事项可根据控告人所知道情况灵活填写)。

案由和控告请求

事实、证据与理由

此致

______人民法院(或检察院、公安局)

附:1. 人证:姓名、工作单位、住址;

2. 物证、书证:名称及件数。

控告人:________

____年__月__日

实例(1):

控告状

控告人:刘×仙,女,22岁,汉族,××省××县××村人,初中文化,农民,住本村。

被告人:李×奎,男,38岁,汉族,××省××县××厂采购员,××县××村人,住该村。

案由和控告请求

被告人李×奎犯强奸罪,请求县人民检察院依法对李×奎提起公诉,追究其刑事责任。

事实和理由

××省××县××厂采购员李×奎依仗权势强奸我嫂子于×

×,致使我嫂子发了疯,我哥刘×海含愤自杀,此案至今未得到处理。

我哥刘×海与被告人李×奎两家都在××县××乡××村。李×奎流氓习性严重,在村里每年都因男女关系和村邻吵骂打架,近几年来这种事不下十次。198×年×月××日,李×奎从外地出差回村,当晚我哥不在家,李×奎溜到我哥家里,强奸了我嫂子,李×奎威胁说:"老子谋上谁,就闹了谁。"我哥回家听我嫂哭诉原委之后,当场气昏在地。第二天,我哥找大队和公社。数日之后,不见解决,我哥便找李×奎要他一起上法院,李×奎不但不去,反而当着许多街坊邻居的面儿叫嚷:"奸了白奸,有本事你告老子去!"还把我哥毒打了一顿。我嫂看到自己被奸,男人被打,气愤之下来找李×奎论理,李×奎将我嫂也打了一顿,并说:"我一不做,二不休,打死你们我顶命。"在这期间,大队、公社对此事并未过问。我嫂羞愤交加,患了精神病,狂喊高叫,病情很重,我哥送她进了精神病院。万没想到,李×奎在村口对我哥挑衅:"你老婆患了精神病,说×(按:脏话)也不顶用,你再告我,老子打死你!"并串使别人多次毒打我哥。我哥多处上告,却一再被推拖。我哥面对有冤难申,孩子们失学,老婆病不见好转,李×奎气焰嚣张,自己数次被他毒打,因而一气之下,于198×年×月××日,面抹锅底黑灰,吊死在树上。丢下年仅4岁、6岁、8岁的3个孩子无人照料,我这个当姑姑的只好把他们拉扯起来。

我哥死后,群众联名写信,要求惩办李×奎。而李×奎在第三天全家外逃。县公安局、法院答应半月之内解决问题,让我把3个孩子领走,暂把房门贴封上锁。可是一去二年多没有下文。我哥的家门被封存了二冬三夏,墙倒屋塌,没人过问。然而198×年初李×奎全家返回村里,出入银行,奔走厂矿,买汽车,盖新房,过着花天酒地、"高朋满座"的生活,至今逍遥法外。

上述事实有证人证言和医院诊断书等证据,真实无虚。

被告人李×奎的罪行害得我哥家破人亡,根据我国《刑法》规定已构成强奸罪，在“有法可依”的今天，实属国法不容。恳请司法机关“有法必依”，尽快将李×奎绳之以法！

此致

××县人民检察院

附：1. 证人证言8份；

2. 照片2张；

3. 医院诊断书复印件1份。

控告人：刘×仙

198×年×月××日

实例(2)：

控告状

控告人：蒋×良，男，19岁（1971年5月10日出生），汉族，××县人，务农。住××县××乡××村××组。

被告人：蒋×，男，22岁，××县人，务农。住××县××乡××村××组。

案由和控告请求

1. 被告人蒋×犯故意伤害罪和抢劫罪，请求司法机关依法追究其刑事责任；

2. 责令被告人蒋×附带民事赔偿责任。

事实和理由

1989年×月××日被告人蒋×当着众多村民诬陷我和邻居蒋×华偷他家的西瓜。蒋×华的母亲得知后，不问情由，指责我“拉拢我儿子去做贼”。我得知是被告人蒋×故意陷害，遂于×月××日和我兄蒋×乾去他家说理。我兄质问被告人蒋×说：“你去年说是蒋×华偷了你的西瓜，现在又说是我老弟（指我）偷了你的西瓜。到底是怎么回事？不要陷害人，讲话要负责。”被告人蒋×开口就骂娘，两人对吵起来。蒋×没吵上三句，转身气势汹汹一手持柴刀，一手持镰刀朝我们兄弟俩猛扑过来；被告人的妻子见状不好，用双手死死抱住蒋×不放，但被告人蒋×用力太猛，一甩手，刀口将其妻左手背左侧砍伤。蒋×看见自己妻子的手被自己砍伤流血，气焰更为嚣张，又举刀朝我们兄弟俩扑来，又被其母亲抱住，才避免了一起严重事件。

此事发生后，被告人蒋×不但不认识自己的错误，反而耿耿于怀，报复之心溢于言表。×月××日下午，我身背换洗的衣服和56.20元现金（给姑母的肉钱），去×××村姑母家帮助干农活，刚走到山石洞××店门口公路上，正碰上被告人蒋×在此地下车，见是我，用手指着我对和他一起下车的人大声喊：“他就是用刀砍了我老婆的蒋×良！你们给我狠狠地打，打死他！”他喊后，我才知道×月××日蒋×刀伤其妻的罪名嫁祸于我，于是招来她妻娘家村子里一伙人有意行凶、找岔子闹事的。我见势不好，撒腿就跑；跑约30米远被蒋×等一伙人追上，蒋×又说：“给我打死他！”在蒋×煽动下，两个年轻打手将我双手反靠，其他人用拳脚朝我头部、腰部、背部猛打乱踢，我被打倒在公路上；待我挣扎起来刚跑几步，被追上又一通乱打，如此反复几次；最后蒋×用手抓住我的阴部，另几个人的拳头铺天盖地落在我身上，被打得口、鼻、耳、眼鲜血直流，倒在公路上不省人事。当地群众闻讯赶到现场，见我是本地人，当即劝阻、制止，但是蒋×等打人凶手仍不肯罢休。后来，在众多人制止下，他们才停止行凶。

然而，蒋×等凶手待我稍能动弹时，把我强拉硬拖地挟持到蒋×家中，把我身上的准备还姑妈的肉钱56.20元抢走，并强迫我跪在中堂里，又对我进行一顿毒打。当村治保主任、本组村民赶来劝阻时，被告人蒋×的哥哥蒋××手持菜刀从房中冲出，大叫：“你们来，不管是谁，我要劈死他！”只是后来迫于全村群众的愤怒，蒋×

弟兄才放下凶器，把我送往医院。

综上所述，被告人蒋×诬陷他人，纠集不明真相的一伙人对公民行凶、抢劫，其行为触犯了我国《刑法》第138条、第134条、第150条，已构成伤害罪、诬陷罪和抢劫罪，并且非法拘禁他人等，国法难容。请求公安机关迅速把被告人蒋×依法逮捕归案，除追究其刑事责任外，并责令其赔偿我的医疗费等经济损失456.20元。

此致

××县公安局

附：1. 证人材料3份；

2. 诊断证明书1份。

控告人：蒋×良

1990年×月××日

十、怎样写举报信

举报信（旧称"检举信"）是公民、法人或其他组织以书信的形式向司法机关或者行政执法部门揭发犯罪分子或者违法乱纪分子的法律文书。举报信的内容以揭发严重违法犯罪为主，与反映轻微不法行为的"投诉（信）"不同。我国《刑事诉讼法》第84条第1款规定："任何单位和个人发现有犯罪事实或者犯罪嫌疑人，有权利也有义务向公安机关、人民检察院或者人民法院报案或者举报。"这是举报信的重要法律依据之一。在现实生活中，除了直接向司法机关举报外，也可以向国家新闻媒体反映违法犯罪事实。"举报信"也属于约定俗成的格式。举报行为属于公义行为，而不单是为了本人的合法权益；举报人多是"知情人"或"目击者"，而非直接受害人。

这是“举报”与“控告”的区别之处。

（一）对举报的要求

从举报人方面来说，应做到：

(1)举报的犯罪事实应当力求真实、准确；如果属于不能确定的，应当声明；

(2)要有风险意识和自我保护意识。揭露犯罪或腐败行为是需要勇气的，因为犯罪分子、腐败分子对“举报信”闻之胆寒，对举报人恨之入骨，举报人应预见自己必然会遭到打击报复。例如，××省××市下岗女工华某，举报乱收费的“白条”校长马某，历尽艰险，终于把私设“小金库”100多万元、大肆吃喝的这个腐败分子“扳倒”，马某因贪污公款，被一审判处有期徒刑2年。举报人华某举报过程中曾经受到马某威胁利诱：“马某捏着这封举报材料的复印件，在华女士家门前咆哮不已。他还拿着一把菜刀，在华家门上砍了个‘×’字，不停地诅咒华女士一家。为了让华女士‘回心转意’，马某亲口对华女士夫妇讲：‘只要你学乖，将来安排你女儿到某单位去工作。’华女士对此嗤之以鼻，毫不动心：‘我要不惜一切代价，哪怕把命搭上，也要把腐败分子告倒！’”（《法制日报》2002年7月23日：《下岗女工扳倒“白条校长”》）举报人华某不但有“勇”，而且有“谋”，她“听说检察机关的重要职能之一就是负责查处贪污腐败，便携一大堆举报材料来到××市人民检察院”。结果受到检察院的奖励。

从司法机关方面来说，对举报行为应当采取分析和保护的态度。法律规定，“接受控告、举报的工作人员，应当向控告人、举报人说明诬告应负的法律责任。但是，只要不是捏造事实，伪造证据，即使控告、举报的事实有出入，甚至错告的，也要和诬告严格加以区别。”并且还规定：“公安机关、人民检察院或者人民法院应当保障报案人、控告人、举报人及其近亲属的安全。报案人、控告人、举报人如果不愿公开自己的姓名和报案、控告、举报的行为，应当为他保守秘密”（《中华人民共和国刑事诉讼法》第85条第2、3款）。我国《刑法》还对国家机关工作人员的报复陷害、泄密行为作了惩罚规定："国家机关工作人员滥用职权、假公济私，对控告人、申诉人、批评人、举报人实行报复陷害的，处2年以下有期徒刑或者拘役；情节严重的，处2年以上7年以下有期徒刑。"（第254条）"国家机关工作人员违反保守国家秘密法的规定，故意或者过失泄露国家秘密，情节严重的，处3年以下有期徒刑或者拘役；情节特别严重的，处3年以上7年以下有期徒刑。"（第398条）这既是对司法机关工作人员的要求，也是对举报人的支持和保护。

（二）举报信的写作要求

1. 正确选定受理的司法机关。司法机关内部是分工合作的。例如：对贪污、贿赂等经济犯罪行为，应当向人民检察院举报；对于违反治安法规行为（卖淫嫖娼、吸毒等）应当向公安机关举报；对重婚、虐待、侵占财物等违法犯罪行为，应当向人民法院举报。

2. 写明犯罪事实要素和证据。具体写法与控告状（书）相似：交代清楚犯罪分子的作案时间、地点、目的动机、手段，侵害对象，犯罪过程、危害后果等。叙述犯罪事实之前或完了，需要声明是否亲眼所见、亲耳所闻，或者只是道听途说。应当尽可能提供有价值的破案线索。

（三）举报信的格式和实例

格式：

举报信

×××（司法机关、执法部门名称）：

举报人：姓名、性别、年龄、工作单位、职务、住址等。

被举报人（犯罪嫌疑人或违法违纪人）：姓名、性别、年龄、工作单位、职务、住址等。

案由：（贪污、受贿、盗窃、杀人、诈骗等）

违法违纪或犯罪事实：包括时间、地点、手段、行为侵害对象（人身或财物）、过程及后果等情节要素（可以边叙述边举证）。

请求事项：（要求侦查或调查等）

附注：1. 证据名称；

2. 其他有关破案线索。

举报人（提倡写真名实姓）：______

____年__月__日

实例：

举报信

××市公安局：

举报人：韦×川，男，30岁，《××日报》记者。

案由：圈海抢劫、敲诈。

近期以来，由于一些不法之徒在××××自治区××沿岸海域强行圈占，以捕螺为生的渔民经常遭到抢劫和敲诈，稍有不从，便会被殴打或被抛进大海，渔民群众敢怒不敢言。

××沿岸浅海海域盛产各种美味海螺，但捕捞海螺却是一项辛苦而危险的工作，作业时，摸螺工们必须潜入5至10米深的海底，才能将海螺一只只摸上来，挣的是血汗钱。然而近一段时间，辛苦而危险的摸螺工作又增添了更大的风险。一些不法之徒肆意圈占海域，敲诈和抢劫以摸螺为生的渔民。××市××镇××渔村的渔民们投诉，强行圈占海域的不法之徒们均驾驶快艇为非作歹，他们只要发现渔民们在哪一片海域能摸到海螺，便用废油桶、废煤气罐、大泡沫球等做成悬浮物，再用重物固定在大海上，将一片片海域圈成他们的“螺场”，渔民们的摸螺船只要进入和经过这些“螺场”,便会遭到抢劫和敲诈。就连24公里长的××国家旅游度假区内的浅海海域,也被这些不法之徒大片圈占。许多摸螺船清晨出海摸螺,船上数人辛辛苦苦潜入海底劳作一天,好不容易摸到一两百公斤海螺,傍晚归港时,不法之徒们的快艇便会跟踪驶来,以渔民们“侵入”他们的“螺场”摸螺为借口,将海螺全部抢走。××渔村许多摸螺船,都有被抢劫的经历。

不法之徒们除了非法圈海强抢海螺外,还擅自向渔民们“罚款”。他们对当地渔民较为“客气”,“罚款”的最高金额是500元,对外地渔民最高罚款可达5000元。

上述事实有渔民张××、王××、李×等人的投诉材料和口述记录(签名)为证。请××市公安局尽快采取果断措施,打击一些不法之徒圈海抢劫、敲诈行为,保护渔民的切身利益。

举报人:韦×川

2002年7月×日

民事官司与民事诉状

民事诉状是普通老百姓之间打民事官司的法律工具。在三大诉讼中，民事纠纷最多，民事诉状的利用率也最高。民事诉状的写作要求和方法，与刑事诉状有一定相似之处，但是由于民事诉讼与刑事诉讼性质不同，民事诉状也具有鲜明的特点。

一、民事诉讼的特点和要求

(一)民事诉讼的特点

民事诉讼或称"打民事官司"，有以下主要特点：

1. 属于人民群众之间的权利义务争议。民事案件当事人之间的民事纠纷，主要涉及的是一般民事权利、民事义务之争，属于人民内部矛盾。如：土地承包纠纷、赡养纠纷、婚姻纠纷、邻里纠纷以及其他人民调解协议纠纷等。民事争议极为繁杂。

2. 民事纠纷具有普遍性和多发性。公民、法人或其他组织在生活、生产、贸易等各种活动中常常发生磕磕碰碰的事，几乎无处不在，处理不当或不及时就会引起民事诉讼。认识到这一特点，既不要怕打官司，也不要为"鸡毛蒜皮"琐事，轻易"对簿公堂"。

3. 民事诉讼容易激化。平民百姓之间产生矛盾之后，可以通过多种方式解决，如：自行和解、申请仲裁(涉及合同纠纷)、请律师调解等，如果矛盾未能解决，就可以通过民事诉讼解决。在现实生活中，如果民事纠纷不及时通过打官司的方式，或者民事裁判不公正，很容易激化成刑事犯罪。前面所列举的一些农村犯罪案件，往往与此有关。这就要求公民必须增强法律观念和民事诉讼意识。例如，××××自治区××市×乡杨某等8户农民共同与山洪作斗争，在山沟开沟打坝，开垦荒地，使责任田得到复耕，与前来争地的村民马某发生纠纷。杨某等8户农民为了与马某“争个你死我活”，于2002年2月初在“生死状”上签字画押：得益共享，得罪（判刑）互偿。幸亏司法部门发觉及时，合理解决（确定荒滩地的使用权归杨某等8户农民所有），才避免了矛盾激化。

4. 当事人双方负有举证责任。空口无凭，打官司必须有证据。我国《民事诉讼法》第64条规定：“当事人对自己提出的主张，有责任提供证据。”这就是俗话说的“谁主张，谁举证”原则。也就是说，原告或被告，提出诉讼请求，都必须提供相关证据，否则就要“败诉”。不过，为了适应案件的特殊情况，关于举证问题，法律还另有两种特殊规定：

（1）当事人可以请求人民法院调查收集证据。这种情况，主要指涉及国家机密、商业秘密、个人隐私（受法律保护的不宜公开的私事或精神生活）等情形；

（2）特定被告负有主要举证责任。一般情况下，民事原告，应负主要举证责任，可是也有某些案件，民事被告依法应负主要举证责任（举出免责的证据）。这种情况，是特指处于相对优越地位的某些被告单位。根据最高人民法院《关于民事诉讼证据的若干规定》（2002年4月1日起正式实行），共有8种被告负有举证责任（又称“举证责任倒置”），如：高度危险设施的被告一方；污染环境的被告一方；悬挂物致他人损害的被告一方；医疗事故纠纷的医疗机构作为被告一方，等等。

关于证据的类别，主要是《民事诉讼法》所规定的7种。其中“视听资料”，包括目的是保护当事人合法权益而私自录制的音像证据。例如，余某向王某借款9520元，到了还期，仅偿还1000元利息。王某催讨无果，向法院起诉后，发现借据原件丢失，就让余某写还款“保证书”；但余某的保证书没写何时向何人借款，王某就通过与余某打电话进行录音予以补救。法院认定，电话录音与“保证书”相互印证王某诉讼请求真实，遂判决被告余某清偿原告本金9520元及利息。

5. 民事诉讼的当事人应当交诉讼费。这是与刑事诉讼的区别之一。诉讼费一般先由当事人预交，诉讼终结后，由法院进行结算，多退少补。如果当事人交诉讼费确有困难，可以向法院申请缓交、减交甚至免交。

（二）民事诉讼的基本要求

1. 当事人双方都必须实事求是。应当如实陈述案情，提供确凿证据，决不可弄虚作假。

2. 恰当运用民事诉状格式类型。民事诉状根据诉讼程序需要不同，可分为民事起诉状、民事反诉状、民事上诉状、民事再审申请书、民事申诉书、民事答辩状等。当事人在打官司过程中，应当注意恰当运用它们。

3. 必须注意法律依据。民事法律是民事争议评判的依据，是什么纠纷，当事人就要学习并找出相关的法律规定。民事“法律依据”，内容较宽，既包括正式的法律（如《土地管理法》、《婚姻法》等），也包括法规、政策等。

4. 民事诉状的语言应当确切、实诚、文明。

二、怎样写民事起诉状

民事起诉状是民事纠纷一方的当事人因与他人发生人身、财产、经济争议提请人民法院保护自己合法权益的书状。

（一）民事起诉的条件和要求

1. 提起民事诉讼的条件。主要包括：

（1）原告（民事受害人）必须是与本案有直接利害关系的公民、法人和其他组织，换句话说，只有直接受到民事不法侵害的人自己才可以起诉。

(2)有明确的被告(即必须确认侵权人是谁)。一般说,民事被告应当是直接侵权人,但是也有例外情况。最高人民法院《关于适用〈中华人民共和国民事诉讼法〉若干问题的意见》第45条规定:"个体工商户、农村承包经营户、合作组织雇佣的人员,在进行雇佣合同规定的生产经营活动中,造成他人损害的,其雇主是当事人。"也就是说,雇佣人员虽然直接侵害了他人的民事合法权益,但不能当被告,而由其雇主当"被告",否则法院会以"被告主体不合"为由驳回起诉。

(3)有具体的诉讼请求和事实、理由。

(4)属于人民法院受理民事诉讼的范围和受诉人民法院管辖。这一条件是提醒原告要注意纠纷性质,不要把刑事案件或行政案件混同为民事案件;另外,如果原告与被告不同在一个法院管辖之内,应依法向有管辖权的人民法院起诉,一般是实行"原告就被告"原则。

2. 民事起诉的要求。提起民事诉讼应注意以下要求:

(1)应当向人民法院递交起诉状(正本),并按照被告人数提出副本(内容与正本一样);书写诉状确有困难的,也可以口头起诉。

(2)应当遵守民事起诉状的统一格式内容(民事起诉状的格式分为公民使用的和法人或其他组织使用的两种)。

(3)原告人数和诉讼形式应当符合案件实际。提起民事诉讼的原告和形式有三种:个人诉讼(1名原告)、共同诉讼(2至10名原告)、集团诉讼(10名以上原告)。集团诉讼一般是众多民事受害人的共同利益受到同一被告的不法损害,如土地资源、水源、草原、种子、化肥、农药等纠纷引发的诉讼。例如,2001年××月××日,××省××市4个乡9个镇的3854户农民,状告某农科贸有限责任公司销售稻种致其严重减产、经济损失200多万元,要求赔偿一案。集团诉讼的原告姓名须全部写在起诉状上,但是可以派代表参加法庭审理活动。

(4)被告应当准确、齐全。被告必须确定,不可乱指,并且应根据实际写明单一被告或共同被告。例如，产品侵权案件，受害人可以根据产品上的姓名、名称、商标等标识认定“产品制造者”、“生产者”，将其作为被告(《最高人民法院关于产品侵权案件的受害人能否以产品的商标所有人为被告提起民事诉讼的批复》，法释〔2002〕22号)。

(5)预交诉讼费。应在接到立案通知后7日内预交诉讼费；如确有困难，可以向法院申请缓、减、免交；如果原告既不预交诉讼费，也不申请缓、减、免交的，法院将按撤诉处理。

(二)民事起诉状的写作方法

1. 正确写明当事人称谓及其身份事项。当事人一般包括原告、被告以及第三人(与本案纠纷有关、与裁判结果有利害关系者)。当事人如果是未成年人(未满18周岁)，除写当事人本人之外，紧接下面写其法定代理人或由法院指定的“指定代理人”。其中，对当事人的各种身份事项必须填写准确，顺序不得错乱。例如，人的姓名必须“一字不差”，否则会影响原告的诉讼效果。××省××县村民钟某，曾经借村民李某现金44000元，钟某写了借条，“一年为期归还”，并签上钟某的名字。到期后，因钟某拖延不还，李某把钟某告上法庭，预交诉讼费1810元。在法庭审理中，钟某答辩说，原告李某起诉的不是我，名字不对。原来是起诉状把被告钟某的名字写错了一个字(把“福”误写为“富”)，被告还认为李某侵犯了自己的“姓名权”，李某只好撤诉。法院同意李某撤诉，退回其诉讼费905元。李某撤诉后，后悔莫及，没想到错一个字，白赔了900多元！

2. 诉讼请求应注意合理合法、明确具体。诉讼请求是“打官司”的目的，其内容因案而异。大体分为三种：

(1)请求法院确认或者变更某种关系，如收养关系、婚姻关系、合同关系等；

(2)请求法院判令被告进行财产、经济赔偿；

(3)请求法院判令被告对原告予以精神损害赔偿。

诉讼请求必须合乎法律规定和人情事理，并须清楚、适当，即依法请求法院支持、保护什么，明明白白，而且与原告所遭受的损失程度相当。

首先，必须合法。例如，原告沈某(女)到甲商店购买“佩康”牌内衣一件，随即把旧内衣换下，然后又到乙商店。乙商店售货员方某，见沈某塑料提包内有一件旧内衣，特别是见沈穿的新内衣与自己店内出售的“佩康”牌内衣相同，便要求检查沈的提包。沈说明情况后，要求与方某一起到甲商店对质，遭方某拒绝，一时引来众多顾客围观，方某打“110”报警。公安民警查清沈某确在甲商店购买“佩康”牌内衣一件，然而，事后方某仍在商店内一口咬定是沈某偷窃了乙商店的商品。沈某一气之下将乙商店告到法院，请求判令被告为自己恢复名誉，赔礼道歉，赔偿精神损失 4000 元。法院根据我国《消费者权益保护法》中有关“经营者不得对消费者进行侮辱、诽谤，不得搜查消费者的身体及其携带的物品，不得侵犯消费者人身自由”(第 25 条)，“经营者违反本法第 25 条规定，侵犯消费者的人格尊严或者侵犯消费者人身自由的，应当停止侵害，恢复名誉，消除影响，赔礼道歉，并赔偿损失”(43 条)的规定，判决乙商店店主向沈某赔礼道歉，恢复名誉，并赔偿沈某精神损失费 4000 元。下面是两个不合法的案例。例一：原告王某明知被告范某因还赌债向自己借款，可是碍于情面，仍将 4500 元积蓄借给了范某，范某在借条中写明 3 个月内归还。后来范某无影无踪，王某将其告上法庭。法院审理认为，王某明知范某借款用于非法活动而予以出借，属于非法借款，根据我国《民法通则》第 90 条规定：“合法的借贷关系受法律保护”，对王某的诉讼请求不予支持。例二：原告邹某借给老同学李某 2 万元人民币做水果批发生意，李某出具借条一张，言明 4 个月内归还。到期后，李某以生意难做、亏本 5 万元为由拒还借款。邹某提起诉讼，请求人民法院判决被告李某归还借款 2 万元并付利息 1000 元。人民法院依据《中华人民共和国合同法》第 211 条关于“自然人之间的借款合同对支付利息没有约定或者约定不明确的，视为不支付利息”（其中的“自然人”指公民个人）的规定，判决被告偿还原告2万元人民币，驳回了原告要求被告支付利息1000元的诉讼请求。以上3个案例说明，诉讼请求必须合法。

其次，诉讼请求必须适当。某些诉讼请求“漫天要价”，如，买粽子吃出了橡胶手套，索赔2万元；名誉权受损害，索赔精神损失10万、数十万甚至百万元，这样的诉讼请求是很难实现的。不仅难以实现，甚至可能要“倒赔”一些钱（法院是按申请数额的比例收诉讼费的，败诉部分也要收费）。

3. 扼要地写明事实与理由。民事起诉状能否被法院立案受理，立案受理后原告能否达到诉讼目的，关键在于事实与理由写得如何。“事实”也就是案情，“理由”也就是法律和情理。“事实”是判断案件是非的客观基础，“理由”是当事人依法对案情所作的主观分析，二者密不可分。在写作层次上，一般应当先叙述案件事实，然后紧接着“说理”。说理不可脱离事实空发议论，应具体分析事实与法律之间的一致性或内在联系性。叙述事实须注意三点：①实事求是写明案情原貌；②交代原告与被告之间的法律关系（近亲属关系、邻里关系、合同关系等）；③叙述清楚被告侵权行为的情节要素，包括起因、时间、地点、侵权行为、过程、侵害后果以及双方的争执点等。例如，一起夫妻财产纠纷案的起诉状，原告（妻子）叙述案件事实说：

被告是我丈夫，我们结婚已经10年，夫妻感情一直不错。去年我父亲去世，我分得遗产2万元。我父亲在遗嘱中说，这笔遗产归我个人所有。今年3月5日，被告提出要我把这2万元拿出来给他买电脑和摩托车，我没有同意，由此导致经常争吵，夫妻关系开始出现裂痕，并发展到夫妻感情破裂的地步。我提出离婚，被告表示同意，但他又提出条件说，在分割家庭财产时，要我把我父亲遗赠给我的2万元钱，作为夫妻关系存续期间的“夫妻共同财产”拿出来一块儿分。我不同意，他竟然耍赖说，不拿出来平分就不离婚。

上面所叙述事实，简要清晰，“要素”完整。接着又针对争执点，这样论述谁是谁非：

我认为被告的要求是非法的，无理的。夫妻关系存续期间所得的继承或赠与财产，一般情况下归夫妻共同所有，但是根据《婚姻法》第 18 条规定，有 5 种情形的财产属于“夫妻一方的财产”，其中第 3 种情形是“遗嘱或赠与合同中确定只归夫或妻一方的财产”。据此，我父亲遗赠给我的 2 万元钱(有我父亲的书面遗嘱为证)，自然依法属于我一方的财产。《婚姻法》第 19 条第 1 款又规定：夫妻没有约定婚姻关系存续期间以及婚前财产所有关系并采取书面形式的，按第 18 条规定处理。我与被告没有这样的书面约定，因此，父亲遗赠给我的 2 万元，应当属于我的“私房钱”，被告无权平分！根据我国《婚姻法》第 18、19 条规定和《民事诉讼法》第 108、109 条规定，诉请你院判准我与被告离婚，驳回他的无理要求。

这段理由，能够抓住争执点，联系事实和证据，全面分析有关法律规定，说理切实、有力，结论和诉讼请求既明确具体，又合法合情。

4. 列举证据要确凿、充分。民事起诉状也是属于“先发制人”的文书。为了达到诉讼请求，其事实与理由必须有真凭实据。要求应根据所掌握的主要证据，写明证据名称(人证、书证、物证以及视听资料等)、来源；证据之间，应当注意互相印证，不可存在矛盾；特别应注意的一点是，绝对不可提供伪证。

(三)民事起诉状的格式和实例

1. 公民使用的格式和实例

格式：

民事起诉状

原告:姓名、性别、年龄(出生年月日)、民族、籍贯、职业或工作单位和职务、住址等。

法定代理人:姓名、性别、年龄、民族、籍贯、职业或工作单位和职务、住址,与原告的关系。

委托代理人:姓名、性别、年龄、民族、职业或工作单位和职务、住址等(是律师的,只写姓名、工作单位和职务)。

指定代理人:姓名、性别、年龄、民族、职业或工作单位和职务、住址,与原告关系。

被告:姓名、性别、年龄、民族、籍贯、职业或工作单位和职务、住址等(是法人和其他组织以及个体工商户的,应依次写明其名称、字号、地址、法定代表人、代表人或主要负责人姓名、职务、电话以及业主姓名等事项)。

第三人:姓名、性别、年龄、民族、籍贯、职业或工作单位和职务、住址等(是法人或其他组织以及个体工商户的,应写明其名称、字号、所在地址、法定代表人或代表人、主要负责人以及业主姓名等)。

诉讼请求

事实与理由

证据和证据来源、证人姓名和住址

此致

______人民法院

附:本状副本____份。

起诉人：________

____年__月__日

实例：

民事起诉状

原告：王×富，男，56岁，汉族，××省×县人，住××市××街×号。

被告：王×财，男，58岁，汉族，××省×县人，××市××厂工人，住××省××市××街××号。

诉讼请求

请求将被告出卖父母遗产3间砖房所得房款8500元判决由原、被告平均继承。

事实和理由

被告和我是同胞兄弟，无其他兄弟姐妹。早在195×年，被告和我就先后自立家庭，同父母分居。196×年，父母在××市××街××号自盖3间砖房居住。197×年被告一家因住房倒塌，同时也为了照顾老人，搬到父母家里一起生活，直到198×年二老相继去世。当时考虑到被告一家的实际困难，就没好意思提出分割父母遗产问题。

可是，今年4月，被告王×财在没有征求我同意的情况下，竟擅自把父母遗产3间砖房出卖，卖得房款8500元，全部据为己有。我得知后，对这一剥夺我继承权的行为向被告提出交涉，但被告一口咬定他比我尽的义务多，不但负担老人的生活费，还在生活上侍候老人，并且还维修过房屋，因此拒绝与我共同继承父母遗产。

我认为，被告独占遗产的理由是不能成立的。

首先，我与被告对老人所尽的赡养义务大体相当。①关于负担老人生活费问题。从197×年到198×年父母去世这段时间里，我在外地坚持每月寄10元生活费供养二老。这一事实,父母的邻居李××可以证明。根据当时××市居民的一般生活水平,父母每月需要生活费20元左右,我每月寄去10元,再加上父亲的一些零星收入,被告每月也不过负担10元左右。再说,二老去世时,我和被告共同承担了安葬费。这一事实,××市××街××组组长刘××能够证明。②关于侍候老人问题。首先,被告一家在生活上侍候老人,这是事实,但是二老在世时帮助被告操持家务,这也是事实。况且,我在外地工作,无法直接照料老人,因此,被告对老人尽一些侍候的义务是理所当然的。其次,关于维修房屋的问题。父母去世后,被告长期占用着父母遗留下的3间房子,这实际上是长期无偿地占用了其中应由我继承的那一份遗产,因此,被告对住房进行维修是完全应该的。

综上所述,被告王×财不顾事实,不念手足之情,独吞父母遗产,既悖常理,又违法律。我国《婚姻法》第18条规定:"父母和子女有相互继承遗产的权利。"我国《继承法》第13条规定:"同一顺序继承人继承遗产的份额,一般应当均等";第25条规定:"继承开始后,继承人放弃继承的,应当在遗产处理前,作出放弃继承的表示。没有表示的,视为接受继承"。根据上述事实和法律,我认为自己不但有权利继承父母遗产,而且有权利与被告平均继承父母遗产,即应得房款4250元。请法院秉公而断,保护我的合法权益不受侵犯。

此致

××市××区人民法院

附:1. 民事起诉状副本1份;

2. 书证2份。

起诉人:王×富

19××年××月××日

2. 法人和其他组织使用的格式和实例

格式：

民事起诉状

原告名称(或字号)：

所在地址：

法定代表人(或代表人、主要负责人、业主)：姓名、职务、电话。

企业性质：　　　　工商登记核准号：

经营范围和方式：

开户银行：　　　账号：

委托代理人：姓名、性别、年龄、民族、职业或工作单位和职务、住址等(是律师的，只写姓名、工作单位和职务)。

被告名称(或字号)：

所在地址：

法定代表人(或代表人、主要负责人、业主)：姓名、职务、电话(被告是公民的，应写明其姓名、性别、年龄、民族、籍贯、职业或工作单位和职务、住址等)。

第三人：名称、地址及法定代表人(或代表人、主要负责人、业主)姓名、职务、电话等(是公民的，应写明其姓名、性别、年龄、民族、籍贯、职业或工作单位和职务、住址等)。

诉讼请求

事实与理由

证据和证据来源、证人姓名和住址

此致

______人民法院

附：本状副本____份。

起诉人：________

____年__月__日

（加盖单位公章）

实例：

民事起诉状

原告：机械工业部××机械工业自动化研究所

住所地：××市××区××大街×××号；邮编：（略）；电话：（略）。

法定代表人：王××，研究所所长。

委托代理人：陈××，研究所××技术研究开发中心主任。

委托代理人：王××，××市××律师事务所律师。

被告：××市××食品机械有限公司。

住所地：××省×县××厂院内。

法定代表人：李××，公司经理；联系地址：××市××区×××乡××路×××段×号；邮编：（略）；电话：（略）。

诉讼请求

一、判令被告返还尚欠原告的开发经费和报酬款65万元。

二、以日0.04%计，给付自1999年12月15日起至2000年12月15日的逾期付款违约金94900元。

三、诉讼费由被告承担。

事实与理由

我所与被告分别于1996年3月和同年9月签订了两份

G1500 型专用设备开发合同(见附件:两份技术开发合同)。双方在合同书上约定由甲方(被告)委托乙方(我所)研究开发该专用设备共计 10 台套,开发经费及报酬合计为 325 万元,每台套 32.5 万元。按确认的技术指标和参数(见附件:协议书),全部图纸均由我所完成,并在我所工厂组织生产制造。我所于 1997 年第三季度陆续在乙方现场验收交付第一个合同的 4 台套设备。由于执行期间第二个合同发生变更,按被告法定代表人李××的通知,原合同的 6 台套改订为 3 台套。此 3 台套设备也于 1998 年在乙方现场验收交货。这样,我所先后共交付被告 7 台套设备,总款额为 227.5 万元。而被告实际付款,至 1999 年 9 月 6 日止总计是 100 万元,尚欠我所 127.5 万元。对合同执行中有关制造质量和欠款事宜,双方本着友好协商的精神,于 2000 年 3 月 18 日达成了新的协议(见附件:协议书)。

考虑到当时双方的关系,我所有条件地让利 22.5 万元,故在新的协议上明确的欠款累计是 105 万元。后被告又履行付款义务 40 万元(见附件:付款凭证),目前仍欠我所 65 万元,明显违反了在新协议书上被告法定代表人李××所承诺的还款计划,即"2000 年 12 月 15 日前还清"。且返修件(重新做的)完成后,至今被告也不来领取。为维护原告的合法权益,又因为合同(协议)的履行地在××市××区,故特向贵院提起诉讼。

此致

××市××区人民法院

附:1. 本状副本 1 份;

2. 合同复印件 2 份;

3. 协议书复印件 2 份;

4. 付款凭证复印件 1 份。

原告：机械工业部××机械
工业自动化研究所
法定代表人：王××
2000年12月××日
（公章）

三、怎样写民事反诉状

民事反诉状是民事诉讼的被告一方针对原告的民事起诉状内容，向同一个人民法院提出反起诉的书状。其反诉目的在于抵销或者超过原告的诉讼请求，请求人民法院一并对案件进行审理。我国《民事诉讼法》第52条规定："被告可以承认或者反驳诉讼请求，有权提起反诉。"这是民事反诉状的主要法律依据。反诉与起诉都属于"提起诉讼"的性质，只是有个"时间差"。提起反诉，应当在被告（反诉人）收到人民法院应诉通知之日起15日内，否则就要丧失申请审判人员回避、答辩以及请求法院调解等权利。

（一）提起民事反诉的条件和要求

提起民事反诉与提起刑事反诉的条件和要求相似：

1. 民事反诉只能是一审案件并须在开庭前提起；
2. 民事反诉的对象必须是同案的原告；
3. 反诉的内容必须是与原告起诉状的内容有直接关系；
4. 民事反诉请求具有独立性，可以不因原告撤诉而放弃；
5. 民事反诉状具有反驳性；
6. 民事反诉人负有举证义务。

（二）民事反诉状的基本内容和写法

民事反诉状有公民使用的和法人、其他组织使用的两种格式，但内容和写法也与刑事反诉状基本相似。

1. 说明反诉缘由。应在当事人身份事项之下，简明交代提起反诉的原因:“被反诉人(本案原告)起诉我(或称“反诉人”)……(案由)一案,因其……(背离事实、于法无据、诉讼请求不当等),现提起反诉如下”。

2. 提出明确的反诉请求。例如:“请求法院依法判令被反诉人(本诉原告):(1)赔偿因合同欺诈行为给我造成的经济损失 8000 元;(2)承担全部诉讼费用。”

3. 叙明争议的事实真相并论述反诉理由。反诉具有一定的“应诉性”,一般说,不必原原本本把案情叙述一番,而应当针对与原告有争议的事实,先用确凿的证据说明案情真相,然后再引证相关的法律、法规、政策进行具体分析,说明谁是谁非。例如,有一起消费纠纷案:顾客鲁某(反诉人)从某贸易公司购买某牌空调两台,单价 4000 元;安装试用后因发现质量问题,鲁某要求退货,引起纠纷,贸易公司把鲁某告上法庭,要求归还所欠货款 8000 元。鲁某提起反诉,事实与理由如下:

1995 年×月××日,我托朋友张××从原告××市××××贸易公司以每台 4000 元的价格购买×××牌空调两台,约定×月底付款,同时写下“今取走××市××××贸易公司×××牌空调两台,单价 4000 元,合计 8000 元整,月内结账”的收据。我安装使用后,发现空调存在严重质量问题,不能正常使用,要求退货,但遭到拒绝,遂于 1996 年×月×日雇一辆三轮车将两台空调放在××××贸易公司门口后离去(按:以上写明纠纷事实)。

被反诉人(原告)××市××××贸易公司提起诉讼,要求我立即归还所欠货款 8000 元,支付利息 1355 元,并承担全部诉讼费用,其诉讼请求是没道理的,是非法的(按:写明了与原告的争执点)。

1. ×××牌空调忽冷忽热,不能稳定使用,质量未过关(有技术鉴定为证);

2. ×××牌空调未经中国电工产品认证委员会认证,其销售

行为是对消费者的一种欺诈,违反了下列规定:

(1)1992 年国家技术监督局及商业部、物资部等部委联合下发的《关于实施安全认证的电工产品进行强制性监督管理的通知》中规定:“凡未经安全认证的此类产品,不准出厂、销售、进口和使用。”但是,××××贸易公司所销售的×××牌空调未经中国电工产品认证委员会认证,显属非法产品,其销售行为应属欺诈行为。

(2)《中华人民共和国消费者权益保护法》第 49 条规定:“经营者提供商品或者服务有欺诈行为的,应当按照消费者的要求增加赔偿其受到的损失,增加赔偿的金额为消费者购买商品的价款或者接受服务的费用的一倍。”

综上所谈,被反诉人××××贸易公司未经认证,擅自销售国家明令禁止销售的商品,已构成对反诉人的欺诈,应依法承担赔偿责任,赔偿反诉人 8000 元人民币。

看罢这份民事反诉状的事实与理由,给人的感觉是:纠纷过程清楚、争执点明确、法律依据充足,值得写作借鉴。其实还有一点值得称道的是,反诉人对空调质量有意见,采取了退货和诉讼的文明、合法方式,而非采取恶意在闹市街头“手持铁锤,高高抡起,猛的砸向地上的一台壁挂式空调机”(见《法制日报》2002 年 8 月 27 日《砸空调砸了自己的脚》一文)的野蛮做法。至于这份反诉状的索赔要求能否实现,因涉及对有关法律的理解和情理问题,是允许有不同认识的。

(三)民事反诉状的格式和实例

1. 公民提起反诉使用的格式和实例

格式:

民事反诉状

反诉人(本案被告):姓名、性别、年龄(出生年月日)、民族、籍贯、职业或工作单位和职务、住所等。

法定代理人：姓名、性别、年龄、民族、籍贯、职业或工作单位和职务、住所、与反诉人关系等。

委托代理人：姓名、性别、年龄、民族、职业或工作单位和职务、住址等(是律师的，只写姓名、工作单位和职务)。

被反诉人(本案原告)：姓名、性别、年龄(出生年月日)、民族、籍贯、职业或工作单位和职务、住所等(是法人或其他组织、个体工商户的，应写明其名称、字号、所在地址、法定代表人或代表人、主要负责人、业主姓名等)。

第三人：姓名、性别、年龄、民族、籍贯、职业或工作单位和职务、住址等(是法人或其他组织、个体工商户的，应写明其名称、字号、所在地址、法定代表人、代表人或主要负责人、业主姓名等)。

被反诉人起诉反诉人(或“我”)……(案由)一案，因其……(概括起诉状的错误内容)，现提起反诉如下：

反诉请求

事实与理由

证据和证据来源、证人姓名和住址

此致

______人民法院

附：本反诉状副本____份。

反诉人：________

____年__月__日

实例：

民事反诉状

反诉人：王××，女，46岁，汉族，××省××市××××公司××厂工人，住××市××区××路××号院。

被反诉人：刘××，女，36岁，汉族，××省××市×××饭店职工，住××市××区××路×号。

被反诉人起诉我继承纠纷一案，因其不实事求是，企图独吞公婆遗产，现依法提出反诉如下：

反诉请求

1. 请法院驳回被反诉人的无理请求；

2. 请判令反诉人享有主要继承权。

事实与理由

1. 我对公婆尽了主要的赡养义务，依法有权继承遗产。

我于197×年嫁到刘家后，就承担了家中的主要家务。198×年、198×年丈夫、公公相继去世，使我的精神受到严重打击。由于当时婆婆年老体弱，小姑子刘××尚需人照顾，我操持起了繁重的家务，使一家3口和睦相处、生活美满。198×年被反诉人出嫁后，我与婆婆相依为命，对婆婆照顾周到。为了使婆婆能安度晚年，我一人承担了全部家务，包括房屋的修缮等重体力劳动。由于不忍婆婆一人独立生活，我一直守寡未嫁。199×年底，婆婆病逝，是我一个人操办料理后事。被反诉人在起诉状中诬告我虐待婆婆，对婆婆未尽赡养义务，与事实不符。

事实上，倒是被反诉人对自己的母亲从未尽过义务。被反诉人结婚时，婆婆和我共同张罗操办；其婚后只顾自己的幸福快乐，对其母亲的生老病死漠不关心，从不过问；婆婆刚一去世，被反诉人就来找我吵闹，要求由她一人继承全部房产，表现得十分不道德。

根据《继承法》第12条的规定，丧偶儿媳对公、婆尽了主要赡养义务的，应作为第一顺序继承人，有权继承公婆的财产。

2. 我应分得房产的大部分。

在对房产的分割问题上，我与被反诉人同属于法定的第一顺序继承人，享有同等的继承权，但根据权利义务相一致的原则，应当考虑继承人对死者生前所尽义务的多少。我对公婆负担了全部赡养责任，尽了全部义务，理所当然应当继承遗产的绝大部分。因此，我要求继承北屋1间和东屋2间，共计90.3平方米，其余北屋2间（共计54平方米）由被反诉人继承。

总之，第一，被反诉人父、兄死后，我承担了养家的重担；第二，我对婆婆尽了全部赡养义务；第三，我曾出资对房屋做了必要的修缮。请人民法院查明事实，并根据《继承法》上权利与义务相一致的原则，对我的继承权加以确认和保护，并驳回被反诉人无理的诉讼请求。

此致

××省××市××区人民法院

附：本反诉状副本1份。

反诉人：王××

1994年×月××日

2. 法人和其他组织提起反诉使用的格式和实例

格式：

民事反诉状

反诉人名称（或字号）：

所在地址：

法定代表人（或代表人、主要负责人、业主）：姓名、职务、电话。

企业性质：　　　工商登记核准号：

经营范围和方式：

开户银行：　　账号：

委托代理人：姓名、性别、年龄、职业或工作单位和职务、住址等（是律师的，只写姓名、工作单位和职务）。

被反诉人名称：

所在地址：

法定代表人（或代表人、主要负责人、业主）：姓名、职务、电话（被反诉人是公民的，应写明其姓名、性别、年龄、民族、籍贯、职业或工作单位和职务、住址等）。

第三人：名称、字号、地址、法定代表人或代表人、主要负责人、业主等（是公民的，应写明其姓名、性别、年龄、民族、籍贯、职业或工作单位和职务、住址）。

被反诉人起诉反诉人……（案由）一案，因其……（概括起诉状的错误内容），现提起反诉如下：

反诉请求

事实与理由

证据和证据来源、证人姓名和住址

此致

______人民法院

附：本反诉状副本____份。

反诉人：________

____年__月__日

（加盖单位公章）

实例：

民事反诉状

反诉人(本诉被告)：××市××厂。

地址：××市××区××大街××号。

法定代表人：赵××，职务：厂长。

委托代理人：何××，××律师事务所律师。

被反诉人(本诉原告)：××省××县×××风机厂。

地址：××省××县城关××大街××号。

法定代表人：吴××，职务：厂长。

反诉人就被反诉人诉反诉人购销合同纠纷一案，对被反诉人提起反诉。

反诉请求

1. 驳回被反诉人给付货款之诉；

2. 判令被反诉人拉回冷却水塔，并赔偿反诉人经济损失；

3. 被反诉人承担本案全部诉讼费用。

事实与理由

199×年××月××日，反诉人与被反诉人订立购销合同。合同约定：被反诉人向反诉人供应 TSP100T 冷却水塔，并负责于199×年×月××日前安装调试完毕；反诉人于 199×年××月××日前支付定金 5 万元，安装调试后正常使用两个月内，将剩余货款 4.3 万元给付被反诉人。

合同订立后，反诉人当即将定金交付被反诉人。然而，该冷却水塔安装后经使用，发现存在设计不合理、冷却效果差、运转不正常等多方面质量问题，以后虽经反诉人多次交涉，被反诉人派人前来修理并多次更换零部件，仍然达不到正常使用的要求，由此给反诉人造成重大经济损失。

199×年×月，我厂将该冷却水塔拆卸存放，并于当月××日函告被反诉人速派人前来协商处理相关事宜，但被反诉人除××日来电话答复派人来外，一直无人露面。接贵院应诉通知后，我厂甚感意外，认为本纠纷的责任应由被反诉人承担，却将反诉人推上被告席。对此，特向你院提出反诉请求，请查明本案事实，依法公正判决。

证据和证据来源，证人姓名和住址

1. 冷却水塔购销合同，双方共同订立；

2. 冷却水塔使用说明书，被反诉人提供；

3. 冷却水塔使用资料，我厂技术设备科技术人员提供；

4. 冷却水塔使用说明书中数据与使用资料记载数据对照表，我厂技术设备科技术人员提供；

5. 冷却水塔修理记录及零配件购置单据，我厂技术设备科技术人员提供；

6. 双方往来函件。

此致

××市××区人民法院

附：本反诉状副本1份；

证据材料12份。

反诉人：××市××厂

199×年×月×日

四、怎样写民事上诉状

民事上诉状是民事案件当事人或其法定代理人等对于人民法院第一审尚未生效的裁判(包括发回重审的裁判)不服，请求上一级人民法院予以撤销、发回重审或者直接予以改判的书状。当事人提起上诉,必须递交上诉状。

(一)民事上诉状的作用和要求

1. 民事上诉状能够引起第二审法院必然受理。不服一审判决的上诉案件,二审法院一般应当从立案之日起 3 个月内审结;不服一审裁定的上诉案件,二审法院一般应当从立案之日起 30 日内审结。发回一审法院重审的,原审法院只能重审一次;二审法院认为重审后的裁判仍有错误的,应当查清事实后依法改判。

2. 递交上诉状必须遵守上诉期限。我国《民事诉讼法》第 147 条规定:"当事人不服地方人民法院第一审判决的,有权在判决书送达之日起 15 日内向上一级人民法院提起上诉。当事人不服地方人民法院第一审裁定的,有权在裁定书送达之日起 10 日内向上一级人民法院提起上诉。"当事人应当珍惜自己的上诉权,不可错过时机。

3. 上诉状的递交。当事人上诉,可以直接向第二审人民法院递交,也可以通过一审人民法院向第二审人民法院转交。

(二)民事上诉状的写作方法

民事上诉状的写作方法和要求,与刑事上诉状有相似之处,但是案件内容、性质和法律依据等是不同的。提起民事上诉的当事人,无论是一方,或者是双方,都应注意上诉状的写法。

1. 民事上诉状应遵守格式规范。民事上诉状与民事起诉状、反诉状相适应,也有公民上诉使用的和法人或其他组织上诉使用的两种统一格式,当事人应当分别按格式来写。遵守格式,实际就是遵守法律。

2. 当事人应同时递交上诉状正本和副本。和一审递交起诉状、反诉状要求一样,向二审法院递交的上诉状称为"正本",向被上诉人(对方当事人)送交的上诉状称为"副本"("正本"与"副本"只是送交对象有别,二者内容完全一样)。

3. 上诉理由应当注意针对性和反驳性。提起民事上诉的原因是当事人认为一审裁判结果有失公正，没有保护甚至侵害了自己的合法权益。而之所以导致裁判不公或错误，又是有具体“错因”的，例如，一审法院审判人员认定案件事实片面、引用法律失当等，当事人就需要有针对性地进行反驳。下面具体谈谈上诉理由的写作特点：

(1)针对性。说明不服一审裁判的理由，需要针对错误裁判的“错因”，做到“有的放矢”。一般说，上诉理由有以下几种：①一审认定事实有误；②适用法律不当；③审理违反诉讼程序(如，未经质证、不看证据、不听取辩论、未经调解等)；④审判人员(多为独任审判)故意枉法裁判。民事上诉状应当根据案件实际情况，针对某个或两个以上“错因”说明上诉理由。

(2)反驳性。提起上诉理由，不但应指出一审裁判错在哪里，还需要说明为什么是错的。这就必须用事实、证据、法律、法规(包括国务院颁发的行政法规和各省市制定的地方性法规)、政策以及常情事理进行具体分析、辩驳。为了使理由明确，最好采取先提出论点然后予以反驳的写法，应尽量避免“语言散漫，意思模糊一片”的毛病。例如，一起房产纠纷案的被告方上诉状，论述上诉理由，分别提出 3 个论点(错因)，并分别作了论证说明。其 3 个论点依次是：一审判决与事实不符；一审判决认定的房价金额计算有误；一审诉讼费负担不合理。这样提出反驳论点，能够给审判人员留下鲜明的印象。此外，还结合事实和法律，对所提出的论点进行深入分析，做到“有根有据”。另一起母子宅基地纠纷案的原告上诉状：某市居民林陈氏老人，因无法忍受儿子和孙子的长期虐待，投奔外地大女儿家；儿子、孙子趁机私自与市拆迁工程处签订一份拆迁协议，获得了相应住房，并把老人拒之门外。林陈氏老人向区人民法院起诉，要求收回属于自己名下的 250 平方米房产所有权。区法院作出 3 项判决：①被告之间的拆迁补偿安置协议无效；②该房产属林陈氏所有；③被告市建拆迁工程处对被告林氏父子应分别就地安置一间户型一单元，一间半户型二单元。林陈氏老人对其中第③项判决

不服,提起上诉理由如下:

一审法院判决太不公道了!(1)既然判了那250平方米的房产全部归我所有,为什么又不依法给我自主处置权?我国《民法通则》第71条规定:"财产所有权是指所有人依法对自己的财产享有占有、使用、收益和处分的权利。"法院的判决于法不合,没有真正保护我的合法权益。试想,不给我自主处分权,我的所有权岂不等于一张"画饼"吗?(2)被上诉人(一审被告)林氏父子长期虐待我,为什么还要把他们安置在我名下的房产中?我国《继承法》第7条第3项规定:"遗弃被继承人的,或者虐待被继承人情节严重的",应当"丧失继承权"。一审被告林氏父子长期虐待我,嫌弃我,依法当然无权占用我名下的房产。法院判决虐待我的人占用我的房产,显然是错误的,是既违法又违背情理的,也是自相矛盾的;这样的判决,实质上是侵害了我的财产所有权。因此,请求二审法院撤销一审法院第③项错误判决,改判由我对房产自行处置。

上面这段上诉理由,紧密联系相关法律,抓住一审法院把"所有权"与"处分权"分离的错误,从两个方面(违法、背理)进行反驳,点出错判的实质是"侵害了我的财产所有权",具有很强的针对性和驳辩性,值得参考。

(三)民事上诉状的格式和实例

1. 公民提起上诉的格式和实例

格式:

民事上诉状

上诉人(原审×告,反诉×告):姓名、性别、年龄(出生年月日)、民族、籍贯、职业或工作单位和职务、住所或常住地。

法定代理人:姓名、性别、年龄、民族、职业或工作单位和职务、住所或常住地,与上诉人关系。

委托代理人：姓名、性别、年龄、民族、职业或工作单位和职务、住所或常住地(是律师的，只写姓名、工作单位和职务)。

指定代理人：姓名、性别、年龄、民族、职业或工作单位和职务、住所、与上诉人关系。

被上诉人(原审×告，反诉×告)：姓名、性别、年龄、民族、籍贯、职业或工作单位和职务、住所或常住地(是法人和其他组织、个体工商户的，应依次相应列写其名称、字号、地址、法定代表人或代表人和主要负责人、业主姓名、职务等)。

法定代理人：姓名、性别、年龄、民族、职业或工作单位和职务、住所，与被上诉人关系。

第三人：姓名、性别、年龄、民族、职业或工作单位和职务、住所(法人或者其他组织、个体工商户，应依次相应写明其名称、字号、地址、法定代表人或者代表人、主要负责人、业主姓名、职务等)。

上诉人因……(案由)一案，不服×××人民法院×年×月×日(年度)×民初字第×号判决(或裁定)，现提起上诉。

上诉请求

上诉理由

此致

______人民法院

附：本上诉状副本____份。

上诉人：________

____年__月__日

实例：

民事上诉状

上诉人(原审原告):吴××,男,53岁,汉族,××县××乡××村农民。

被上诉人(原审被告):王××,女,40岁,汉族,××县××村农民教师。

上诉人因伤害一案,不服××县人民法院(198×)×法民判字第×号判决书的判决,现提起上诉。

上诉请求

1. 请撤销一审判决,依法改判;

2. 判令被上诉人承担相应的赔偿责任。

上诉理由

原判认定事实不清,判决不当。案件的真相是:

198×年×月×日上午×时许,我在家门口吃饭,被上诉人王××从我家门口路过,我问她为什么在学校打我的小孩儿(听小孩儿说的)。王××说没有打,还说些难听的话。于是我二人就越说越多,最后撕打了起来。在撕打中,我打了她,她也打了我。我已50多岁,她才40岁,打架中,我吃了大亏(把我的脸抓破,鼻子被打出血,有证据),她占了便宜。王××身上的伤不是我打的,是谁打的我不知道。××县人民法院认定王××身上的伤是我打的,证据不足,不能说明问题,因而对我的判决处罚是错误的。我现在右手腕的牙咬伤痕俱在,请求上级法院依法作出正确处理。

此致

××市中级人民法院

附:1. 本状副本1份;

2. ××卫生所诊断证明书1份。

上诉人：吴××
代书人：李××（律师）
198×年××月××日

2. 法人和其他组织提起上诉的格式和实例

格式：

民事上诉状

上诉人（原审×告、反诉×告）名称：

地址：

法定代表人（或代表人、主要负责人、业主）：姓名、职务、电话。

委托代理人：姓名、性别、年龄、民族、职业或工作单位和职务、住所（是律师的，只写姓名、工作单位和职务）。

企业性质：　　　工商登记核准号：

经营范围和方式：

开户银行：　　　账号：

被上诉人（原审×告、反诉×告）：姓名、性别、年龄、民族、职业或工作单位和职务、住所或常住地（是法人和其他组织、个体工商户的，应依次相应写明其名称、地址、法定代表人或代表人和主要负责人、业主的姓名、职务、电话）。

第三人：姓名、性别、年龄、民族、职业或工作单位和职务、住所（是法人和其他组织、个体工商户的，应依次相应写明其名称、地址、法定代表人或代表人和主要负责人、业主的姓名、职务、电话）。

上诉人因……（案由）一案，不服×××人民法院×年×月×日（年度）×民初字第×号判决（或裁定），现提起上诉。

上诉请求

上诉理由

此致

______人民法院

附:本上诉状副本____份。

上诉人:________

____年__月__日

(加盖单位公章)

实例:

民事上诉状

上诉人:××省×××市无线电×厂。

法定代表人:赵×,厂长。

被上诉人:××市无线电元件×厂。

法定代表人:韩×,厂长。

上诉人因"合营合同纠纷"一案,不服××省高级人民法院(1998)×经一初字第××号民事裁定,现提出上诉。

上诉请求

撤销××省高级人民法院(1998)×经一初字第××号民事裁定书,裁定驳回原告起诉。

上诉理由

1998年5月××日上诉人对原审法院提出管辖权异议,1998年7月××日送达上诉人(1998)×经一初字第××号民事裁定书。该裁定书以"仲裁条款未约定明确的仲裁委员会,当事人亦未重新达成仲裁协议,故该仲裁条款无效"为由,裁定驳回上诉人管辖权异议,上诉人认为这一理由不能成立。

上诉人与被上诉人订立的合营合同第21、22条约定:"乙方

(被上诉人)要求仲裁时,应在×××市工商行政管理部门或司法部门进行仲裁。”这一仲裁条款,不仅约定了仲裁地点,而且约定了仲裁机构,×××市工商行政管理部门的仲裁机构已为依照《仲裁法》组建的仲裁机构所取代。而且这一仲裁机构在×××市也是惟一的,司法部门根本没有仲裁机构。依据国务院办公厅《关于贯彻实施〈中华人民共和国仲裁法〉需要明确的几个问题的通知》和最高人民法院《关于实施〈中华人民共和国仲裁法〉几个问题的通知》的有关规定,本案应由当事人提交依《仲裁法》组建的×××仲裁机构仲裁解决。

被上诉人并未就仲裁事项与上诉人进行任何协商,而是置合同仲裁条款于不顾,径行向人民法院起诉,当然不存在补充协议。只要被上诉人依仲裁条款申请仲裁,上诉人与被上诉人对争议的解决方式便没有任何争议。

综上,上诉人与被上诉人仲裁条款约定是明确的,其仲裁机构也是惟一的,亦是可以执行的。被上诉人只要依仲裁条款申请即可进行仲裁。恭请二审人民法院公断,维护法律之尊严。

此致

中华人民共和国最高人民法院

上诉人:××省×××市无线电×厂

法定代表人:赵×

1998年7月××日

(公章)

五、怎样写民事再审申请书

民事再审申请书是民事案件当事人或其法定代理人认为已经

发生法律效力的裁判或调解确有错误，在两年内要求原审人民法院或其上一级人民法院重新审理予以纠正的书状。我国《民事诉讼法》第182条规定："当事人申请再审，应当在判决、裁定发生法律效力后两年内提出。"一般说，只要申请再审不超过诉讼期，人民法院就会依法按"审判监督程序"（俗称"再审程序"）受理的。该书状具有及时保护当事人合法权益的作用。

（一）提起民事再审申请的条件

1. 申请人必须合法。提起民事再审的人，只能是原审的当事人（含一审的原告、被告和有独立请权的第三人，二审的上诉人、被上诉人、有独立请权的第三人）及其法定代理人；

2. 申请再审必须符合法定时效期限。当事人对于已经生效的裁判、调解不服，必须在裁判、调解生效后两年以内提出，超过两年的，只能提出"申诉（书）"。

3. 申请再审的理由必须合法。申请再审理由一般具有下列情形之一：

（1）有新的证据足以推翻原裁判和调解的；

（2）原裁判或调解认定事实的主要证据不足的；

（3）原裁判适用法律确有错误的；

（4）原审人民法院违反法定程序，可能影响案件正确裁判、调解的；

（5）有证据证明审判人员在审理案件时有贪污受贿、徇私舞弊、枉法裁判行为的。

此外，申请人还须了解不得申请再审的有关情形：

（1）判决解除婚姻关系的案件（但是对于已判决分割的财产可以申请再审，对未判决处理的夫妻财产问题应另行起诉）；

（2）经再审后维持原判的案件；

（3）超出原审诉讼请求的损害赔偿案件；

（4）按照特别程序、公示催告程序、企业法人破产还债程序审理的案件。

(二)提起民事再审的要求

1. 对当事人的要求:

(1)符合申请再审条件的,应当向人民法院递交再审申请书;

(2)须交纳诉讼费。

2. 对人民法院的要求:

(1)原审法院对于同一案件只能再审一次;

(2)上级人民法院对下级人民法院只能指令再审一次,认为下级人民法院作出的再审裁判仍需要再审的,应当依法提审(下级人民法院违反法定程序的,可以指令其再审);

(3)同一人民法院对同一案件只能够再审一次,但是对当事人的再审申请用通知书驳回的除外(见《最高人民法院关于人民法院对民事案件发回重审和指令再审有关问题的规定》,法释〔2002〕24号)。

(三)民事再审申请书的写作方法

写作民事再审申请书,除了应遵守格式规范之外,主要应写好申请再审的理由。

1. 理由要合法、充足。应根据申请再审的条件,针对生效裁判、调解的错误及其"错因",提出新证据、新的法律依据予以反驳;

2. 论述理由应抓住关键。生效裁判或调解的错误及"错因"往往不是单一的,应当抓住要害问题深入细致地进行驳辩。具体应注意以下方法:

(1)安排好理由的层次(一般是主要理由在前);

(2)提出明确的论点(先总括后分驳,或者先分驳后总括);

(3)摆事实、举证据、引法律。

3. 语言应力求平实、庄重、简明。

上述写作方法是相互结合的。比如,有一起预售商品房纠纷案:售房单位(申请人)某有限公司与某骨伤医院(被申请人)签订了一份房屋买卖合同。在施工中,某有限公司经某骨伤医院同意并签字修改了原设计方案,竣工验收合格,但比原合同约定迟延174

天。某骨伤医院以某有限公司"严重违约"为由起诉,要求解除合同并赔偿损失。一审、二审均判某有限公司违约,应负违约赔偿责任。某有限公司不服终审判决,向某省高级人民法院提起再审申请。其再审申请书称:

一审法院认定我公司"擅自变更设计,未在合同规定的期限内完工,应当承担违约责任",并判决解除双方签订的《房屋买卖合同》;二审法院认定"原审认定事实清楚,适用法律正确,应予维持",这都与事实不符,判决是错误的。(1)设计方案变更是经过被申请人市骨伤医院同意的,并非我方"擅自变更设计方案"(有变更设计方案协议书为证);(2)竣工延期是因设计方案改变而合理的延期;(3)设计方案改变和竣工延期,有市骨伤医院签字认可的竣工验收单和该医院驻工地代表在房屋装修施工方案上签署的意见为凭,应视为市骨伤医院的认可行为,市骨伤医院对变更设计无异议,且认可验收合格。两级法院却认定我方"擅自变更设计方案,应承担违约责任",并作出解除《房屋买卖合同》的判决,显然是没有事实根据的。据此,请求你院依法予以再审,撤销一、二审错误判决,改判双方《房屋买卖合同》继续履行。

上述申请再审的理由,针对一审、二审的错误判决,着重用事实、证据进行反驳,而且论点明确,论述能够集中反驳生效判决书错误认定申请人"擅自变更设计"的说法;语言也比较简明有力,如强调对方"认可"、"无异议"、"认可验收合格"等。由于申请理由正确、充足,省高级人民法院经过再审,撤销了一、二审判决,改判合同继续履行,双方互相赔偿违约金。

(四)民事再审申请书的格式和实例

格式:

民事再审申请书

申请人：姓名、性别、年龄（出生年月日）、民族、籍贯、职业或工作单位和职务、住所或常住地（法人和其他组织、个体工商户等，分别写明其名称、字号、地址、法定代表人或代表人、主要负责人、业主的姓名、职务以及详细身份事项）。

法定代理人：姓名、性别、年龄、民族、籍贯、职业或工作单位和职务、住所或常住地、与申请人的关系。

委托代理人：姓名、性别、年龄、民族、籍贯、职业或工作单位和职务、住所或常住地（法人和其他组织、个体工商户等，分别写明其名称、地址、法定代表人或代表人、主要负责人、业主的姓名等身份事项）。

申请人对×××人民法院×年×月×日（年度）×法民判（或裁、调）初（终）字第×号判决（或裁定、调解）不服，申请再审。

请求事项

事实与理由

此致

______人民法院

附：(1)原审裁判（调解）文书抄件____份；

(2)本状副本____份。

申请人：________

____年__月__日

（法人加盖单位公章）

实例：

民事再审申请书

申请人(原审原告、上诉人)：邓××，汉族，43岁，甲省××市人，中专文化，住甲省××市××小区×栋×单元×××号；联系电话：×××××××××，××××××××××；传呼：×××××××呼×××××。

被申请人(原审被告、被上诉人)：中国建筑××工程局。

法定代表人：雷××；职务：局长。

地址：乙省××市××路××号。

联系电话：×××××××××转××××。

手　　机：×××××××××××××。

申请人因借款纠纷一案，不服乙省高级人民法院(19××)×经终字第××号民事判决，现向最高人民法院提起申诉。

申诉请求

1. 依法撤销乙省高级人民法院(19××)×经终字第××号民事判决，对该案依法再审。

2. 依法判决被申诉人返还借款50万元人民币，并按双方协议支付1995年12月25日至还款之日的利息。

3. 赔偿申请人的经济损失10万元。

事实及理由

1995年12月25日，中国建筑××工程局的委托代理人张××手持该局的介绍信来到我家借款；同时，申请人于当日收到了被申请人发来的电报。被申请人的介绍信和电报的主要内容为：委托我局张××和夏××二同志向你借款50万元人民币，以此款作为被申请人承建××工程的信用金，并由张××办理借款手续，以张××的借据为准，款由我局赔付。据此，申请人同意借款。1995年12月27日下午2时30分，申请人邀请杨××、陈××、解×等4人共同去甲省××市××路中国工商银行××路储蓄所，用申请人的牡丹信用卡提出了50万元现金，当面交给了在该储蓄所等候取款的张××。张××接款后并在该储蓄所的柜台上清点了此款的数额，随后向申请人出具了1995年12月25日就已拟好的有被申请人下属单位盖章的借条。至此，申请人与被申请人办完了借款手续。

1996年2月18日以后，申请人因还款日期已至，要求被申请人还款，但被申请人以被×××有限责任公司骗走了50万元信用金为由，拒绝还款。为此，申请人于1997年元月14日起诉到乙省××市××区人民法院（当时由××派出法庭审理此案）。经两次开庭审理后，乙省××市中级人民法院要求将该案移送到本院审理。乙省××市中级法院初审宣判后，申请人不服判决，上诉到乙省高级人民法院，但二审法院同一审法院一样，都作出了违背事实和法律的判决，严重损害了申请人的合法利益，有损于法律的公正和尊严，应当依法予以纠正（以上事实详见所附证据）。

申请人认为，终审判决在认定事实和适用法律上都存在着明显严重的错误，主要有以下几个方面：

一、本案判决认定事实完全错误

申请人以上陈述的事实和提供的证据证明：被申请人以建×介字第××××号介绍信和1995年12月25日的电报书面委托张××向申请人借款，张××出具的借条，中国工商银行编号KM×××××××号的牡丹卡取现单以及证人杨××、陈××、解×等3人的证言，证明被申请人已从申请人手中借走了50万元现金。因此，终审判决认定申请人与被申请人之间不存在借款的事实是错误的，歪曲了本案的事实真相。

二、本案判决在适用法律上有严重的错误

根据最高人民法院1987年7月21日颁布施行的《关于在审理经济合同纠纷案件中具体适用〈经济合同法〉的若干问题的解答》第1条第2款即“合同签订人持有委托单位出具的介绍信签订合同的，应视为委托单位授予代理权”的规定精神，结合被申请人

出具给申请人的介绍信、电报、借条等函件的内容,完全可以认定:

1. 被申请人与张××之间存在着委托代理的法律关系,即有委托代理的合同关系。受委托人张××的借款行为即是被申请人的授权行为,受托人张××已履行了借款的职责,其责任应由被申请人负责。

2. 申请人与被申请人之间实际存在着借款的法律关系,即有借款合同关系。申请人亲自将50万元交给了被申请人的代理人张××,张××接受了50万元借款并出具了借条。至此,申请人完全地、实际地履行了借款合同规定的义务,借款合同成立,合法有效。

综上所述,终审判决认定申请人与被申请人之间不存在借款合同关系,在适用法律上是完全错误的。

三、终审判决认定申请人与被申请人的委托人张××之间存在纠纷,可另诉解决,与法无据。

被申请人提供的证据证明:申请人与张××之间不存在借贷关系,张××个人并没有向申请人借款,张××的身份是被申请人的受托人,代理被申请人办理具体的借款手续,故张××个人对借款行为不负法律上的责任,申请人与张××个人无法律上的民事法律关系。

综上所述,申请人认为乙省高级人民法院(19××)×经终字第××号民事判决认定事实不清,适用法律不当,是一起错案,应予纠正。特向最高人民法院提出申请,恳请最高人民法院对该案立案再审。

此致

最高人民法院

附:1. 一审、二审判决书复印件各1份;

2. 书证4份。

申请人：邓××
19××年×月××日

六、怎样写民事申诉书

民事申诉书是民事案件的当事人及其法定代理人或其他公民(知情人)认为人民法院已经发生法律效力且已超过两年的裁判或调解有错误，请求原审法院或上级法院予以复查纠正的书状。民事申诉书，又称“申诉状”，是信访文书的重要形式之一，所涉及的案件多半属于疑难性的陈年旧案，对于维护确有冤情的案件当事人的合法权益、促进审判公正具有直接作用。

(一)民事申诉书的特点

民事申诉是诉讼当事人的一种民主权利和诉讼权利，它和民事再审申请书都是法院再审案件的重要来源，对于纠正生效的裁判和调解错误，具有同样重要作用。但是，民事申诉书也有与民事再审申请书不同之处：

(1)申诉书针对的是生效超过两年的裁判或调解；

(2)提起申诉的人范围较宽，除了案件当事人、法定代理人之外，还可以是社会上其他公民(一般是知情人)；

(3)申诉没有严格的时效期限；

(4)申诉的对象较宽，可以是原审法院、上级法院或者人民检察院以及其他政法机关；

(5)向人民法院提起申诉，并非一定能够被受理(这自然是以生效裁判公正为前提的)。

(二)民事申诉书的写作要求

民事申诉书与再审申请书的写作要求基本相同。如，必须符合申诉条件、强调提出新证据并针对原审生效法律文书的错误进行驳辩等。

1. 申诉要符合法定“再审”的条件：

(1)有新的证据足以推翻原判决、裁定的；

(2)原裁判认定的事实主要证据不足的；

(3)原裁判适用法律确有错误的；

(4)原审法院违反法定程序，可能影响案件正确裁判的；

(5)审判人员在审理该案件时有贪污受贿、徇私舞弊、枉法裁判的；

(6)提出证据证明原审法院调解违反自愿原则或者调解协议的内容违反法律的。

符合上述规定案情之一，即符合法定“再审”条件，也即符合“申诉”条件。

2. 申诉理由必须有新的重要证据。凡是提起申诉的案件，多半是已经通过上诉甚至通过再审申请的案件。当事人如果对已经生效的、甚至生效多年的裁判仍然不服，就必须提出前所未有的过硬的新的证据。

3. 申诉要有正确的态度。当事人或其法定代理人提起申诉，一般说都是确有冤情而诉，为了维护司法公正而诉；但也不排除有极个别人无理缠讼的情况。后一种态度是要不得的，结果吃亏的是申诉人。前一种态度是受法律保护的，应当提倡的。例如，一起民事损害赔偿案件：一对年过6旬夫妇的当汽车司机的儿子张某，在一起车祸中车毁人亡，有很多疑点。经过7年诉讼终于案情大白，并得到民事损害赔偿5万多元。前4年是通过自己艰难调查访问，感动了与其儿子同车的“知情人”说出了交通事故真相：真正的肇事者是×市蔬菜公司副主任严某，严某利用职权，不让老夫妇的司机儿子张某开车，自己强行酒后无证驾驶。造成车毁张某死亡之后，买通有关交警，提供伪证，隐瞒事实真相，嫁祸于死者张某，致使张某蒙冤4载。当其儿子冤情“水落石出”之后，这对老夫妇另提起民事诉讼，又花3年时间进行民事申诉活动，终于为死去的儿子张某恢复了名誉，并争得了5万多元的损害赔偿费。这一对老夫妇（近亲属）之所以能够胜诉，一是由于掌握了"知情人"提供的有力证据（证言）；二是由于其相信法律公正和具有"咬定青山不放松"的坚强精神！

（三）民事申诉书的格式和实例

格式：

民事申诉书

申诉人：姓名、性别、年龄、民族、籍贯、职业或工作单位和职务、住所或常住地（法人或其他组织以及个体工商户，应依次写明其名称、字号、地址；法定代表人或代表人、主要负责人、业主的姓名、职业等各种身份事项）。

法定代理人：姓名、性别、年龄、民族、籍贯、职业或工作单位和职务、住所或常住地以及与申诉人的关系。

委找代理人：姓名、性别、年龄、民族、职业或工作单位和职务、住所等（是律师的，只写姓名、工作单位和职务）。

申诉人对×××人民法院×年×月×日（年度）×法民判（或裁、调）初（或"终"）字第×号判决（或裁定、调解）不服，提出申诉。

申诉请求

申诉理由

此致

______人民法院（或人民检察院）

附：1. 原审裁判文书（或调解书）抄件____份；

2. 证据名称、件数；

3. 本申诉书副本____份。

申诉人：________

____年__月__日

（法人加盖单位公章）

实例(1)：

民事申诉书

申诉人：胡××，男，193×年×月××日生，汉族，小学文化，××市电业局退休职工，现住××市××路×段。

被申诉人：汪××，男，195×年×月××日生，汉族，初中文化，系××市××××××有限责任公司法定代表人，现住××市××路××公司家属院。

因胡××诉汪××损害赔偿纠纷一案，申诉人不服(2000)×民终字第×××号民事判决，特提出申诉。

请求事项

1. 依法撤销(2000)×民终字第×××号民事判决书，重新裁判。

2. 由被申诉人承担本案诉讼费用。

事实与理由

二审判决认定：“被上诉人汪××系××市××××××有限责任公司法定代表人，该公司已合法取得了双方诉争土地的所有权。被上诉人为维护其合法权益阻止上诉人建房，不构成侵权，上诉人称被上诉人将其财产损坏并要求赔偿的上诉理由因未提供相关证据故不予采纳。原审判决事实清楚，证据充分，适用法律正确，程序合法。”

申诉人对此无法信服，理由如下：

一、××市××××××有限责任公司并未“合法取得”双方诉争土地的所有权。

1. 时光岂可倒流，法律事实岂容倒置！

××市人民法院(2000)×民初字第×××××号民事判决查明确认本案事实如下(详见该判决第3页，二审判决第1页)："1997年10月22日××市土地管理局给××××××有限责任公司颁发了国有土地使用证书………××××××有限责任公司成立于1999年元月1日………"一个成立于1999年元月1日的企业法人，而在1997年10月22日已取得了"国有土地使用权"？甚至是"所有权"？这种倒签日期的行为，岂不是开法律玩笑，视法律为儿戏！如此认定事实，令人震惊！令人万难信服！申诉人不知二审判决何以在"二审查明事实同原审查明事实基本一致"的情况下认定"该公司已合法取得了双方诉争土地的所有权"？

2. 认定事实岂能严重违背法定程序，置法律于不顾！

对"××××××有限责任公司"所谓"合法取得"的国有土地使用权，申诉人已依法在××市中级人民法院对××市人民政府的"发证"行政行为提起行政诉讼，该案现正在审理之中，尚未审结。对此申诉人在本案二审中已告知合议庭。根据《中华人民共和国民事诉讼法》第136条第5项有关"中止诉讼"的法定情形之规定，"本案必须以另一案的审理结果为依据，而另一案尚未审结"，本案依法应裁定中止诉讼。故二审判决严重违背该程序规定，错误裁判，应予纠正。

二、二审判决视一审证据为"无物"，盲目认定，岂不有"掩耳盗铃"之嫌！

××市人民法院(2000)×民初字第×××××号民事判决书第2页明明写道：

"原告向本院提交的证据材料有：(1)……；(2)……；(3)……(9)……。原告据此认为其主张的事实及理由是成立的。"

难道一审中已提供并质证的证据，二审中却能变成了"未提供证据"？难道二审判决不是对一审裁判审查吗？难道是另一案吗？二审判决这样草率，令申诉人难以置信！

综上所述,二审判决认定事实,违背法律事实与客观事实,颠倒时空;违背法定程序,越权裁判;置一审证据为无物,盲目裁判,均应纠正,故申诉人依法提出再审申请,以维护法律尊严和申诉人的合法权益。

此致

××市中级人民法院

附:一、二审判决书复印件各1份。

申诉人:胡×卿

2002年8月24日

实例(2):

民事申诉书

申诉人:××省乡镇企业供销公司。

法定代表人:王××(主管经济主任)。

委托代理人:齐××,××律师事务所律师。

被申诉人:××县工商银行。

法定代表人:邓××(行长)。

案由:扣划款项纠纷。

申诉人不服××自治区高级人民法院(86)经上字第×号民事判决书。我们认为二审判决违反了"以事实为根据,以法律为准绳"的原则,其事实和理由如下:

一、事实部分。正如判决书所说事实是清楚的,但由于二审法院处理此案的观点不端,所以对事实的叙述有极大的片面性。这里仅列举两例就足以说明:

(一)判决书第2项叙述道:"××工商银行贷给服务中心50

万元，双方协议订明：‘服务中心除承负利息外，按贷款0.5%付给手续费2500元，城关供销社为担保单位……’”但是在处理此案时，对担保单位的责任，在判决书中不加以叙述，更不追究其应负的责任。法院这样做，其目的是为偏袒××县工商银行，为银行非法扣款而视为合法找条件，所以说二审法院办案不是依“以事实为根据，以法律为准绳”的原则处理问题。

（二）判决书第2页第7行叙述说：“1985年2月15日被上诉人汇给服务中心货款两笔，共计432600元……”我们汇给服务中心的实为“预付款”，合同上有规定，而判决书第3页倒数第2行结论部分也承认是“预付款”，但在处理时却按照“货款”认定。“预付款”和“货款”是两回事，其核心是所有权的问题。“预付款”的所有权属预交的一方，起着定金的作用；“货款”是成交后购买物品的款，其所有权属出售货物一方。而二审法院故意把“预付款”说成“货款”，其目的仍是为××县工商银行强行扣划我们的款披上合法化的外衣，替其开脱。上述两例，充分说明二审法院没有尊重事实，没有依法办案。

二、理由部分。二审法院否决一审判决，不合理、不合法，实为错案。

（一）二审判决书第3页倒数第4、5行认定：服务中心与我公司签订的合同无效，其主要责任在服务中心。一审法院也是这样认定的。根据《经济合同法》第16条规定：如经济合同无效，“当事人依据该合同所取得的财产，应返还给对方”。一审法院是依法办理的。可是二审法院就违背自己认定的事实，判决××县工商银行扣留我们的预付款是正当的，岂不自相矛盾吗？

（二）二审判决书引用国务院《关于严禁预收、预付货款的通知》，说明××县工商银行扣留我们的预付款是合法的。我们认为这是极大的歪曲。国务院的通知只是不允许再搞预收、预付货款，但没有规定搞了就可以没收，扣留！

（三）预付款的所有权属于谁，也是二审判决书错误认定的一个方面。我们认为二审判决书把预付款的所有权认定为服务中心是极大错误。预付款和定金在性质上基本相同,《经济合同法》第14条规定:“经济合同履行后,定金应当收回,或者抵作价款。”其意非常明白,所有权是属于交定金(预付款)的一方。《民法通则》第72条规定,财产所有权的转移,是指“财产交付时起转移”。服务中心与我们签订的合同没有履行,当然就谈不上所有权转移的问题。

通过以上几点,说明二审法院否定一审法院的判决是无道理的,也是于法相违背的。

三、判决问题。二审法院的判决都是主观臆断,缺少法律依据。从整个判决书来看,没有引用一条实体法上的条款,这样的判决书,又是出于高级法院之手,实在是罕见之事。凡法律上有规定者,一律不办。例如担保单位连带责任问题,《经济合同法》规定得清清楚楚,可是二审法院不去追究担保单位的法律责任,而是支持××县工商银行扣留我们的款……

总之,××自治区高级人民法院对此案的判决是错误的,恳求最高人民法院给予撤销,维持一审人民法院的判决。

此致

最高人民法院

附:1. 本状副本1件;

2. 一审判决书1份(复印件);

3. 二审判决书1份(复印件)。

申诉人:××省乡镇企业供销公司

法定代表人:王××

代书人:齐××(律师)

1990年5月20日

七、怎样写民事答辩状

民事答辩状是民事案件处于被诉地位的当事人或其法定代理人，依法对提起诉讼的当事人的诉状内容进行回答、驳辩的书状。进行答辩的当事人，包括民事一审的被告、被反诉人；包括二审的被上诉人以及再审案件的被申请人、被申诉人等。民事答辩状是民事被诉当事人行使答辩权的重要手段，也是提供人民法院“兼听”并作出公正裁判的重要条件。

（一）民事答辩状的特点和要求

民事答辩状属于“应诉”文书，具有论辩、反驳的鲜明特点，其写作目的是否认或减小被诉一方的过错及民事责任。作为被告一方的当事人，未必无理，也并非“羞耻”，应当积极进行答辩。写民事答辩状应当注意以下问题：

1. 要按法定时间进行答辩。我国《民事诉讼法》第 113 条规定：“人民法院应当在立案之日起 5 日内将起诉状副本发送被告，被告在收到之日起 15 日内提出答辩状……被告不提出答辩状的，不影响人民法院审理。”同法第 150 条规定：“原审人民法院收到上诉状，应当在 5 日内将上诉状副本送达对方当事人，对方当事人在收到之日起 15 日内提出答辩状……对方当事人不提出答辩的，不影响人民法院审理。”根据上述规定，被诉当事人提出答辩状必须及时，否则就意味着放弃了答辩权，将会承担败诉的后果。

2. 进行答辩必须先递交答辩状。法院开庭进行法庭辩论时，被诉当事人可以进行口头答辩，但是开庭前必须首先向法院递交答辩状。最高人民法院《关于民事诉讼证据的若干规定》中明确规定：“被告应当在答辩期届满前提出书面答辩，阐明其对原告诉讼请求及所依据的事实和理由的意见。”

3. 进行答辩应遵守举证期限。最高人民法院在《关于民事诉讼证据的若干规定》中具体规定:当事人举证的期限由人民法院指定,不得少于30日(自当事人收到案件审理通知书和应诉通知书次日起算)。

4. 进行答辩必须有实事求是的态度。被诉一方当事人对起诉一方诉状的诉讼请求等内容,可以承认、否认或反驳,但是都必须实事求是,而不可"无理狡(搅)辩"。有一件货款纠纷案:被告仲某与原告乔某都是个体工商户。1994年6月,被告仲某收到乔某啤酒后,给乔某写下欠货款1786.10元的欠条,后经乔某多次催要,仲某一直推拖不付。1996年10月4日乔某持仲某手写的欠条向法院起诉,其间,仲某要求原告乔某出示"欠据",乔某将欠据递给仲某,不料仲某突然把欠条吞吃,企图毁灭证据赖账。幸亏乔某另有欠据的复印件,仲某终归败诉,不仅被判归还欠款,还承担了全部诉讼费。此案说明,不实事求是,终归要"搬起石头砸自己的脚"。同时也说明,只要采取诚实态度,手中持有"铁证",比"伶牙利齿"、要"小聪明"强得多。又比如一起借款纠纷案:原、被告双方曾经一度建立恋爱关系。原告诉称,恋爱期间被告曾向其借款6万元,并打一欠条,答应6个月为期还清,现要求被告归还借款。被告辩称,自己曾向原告借款6万元不假,但后来原告要求同居,并给被告写下"到还款时保证1分钱不要"的字据,所以原告不得索要借款。经法庭质证,原告承认字据是自己所写,法院认定原告是自愿放弃债权,因而判决驳回了原告的诉讼请求。

5. 对提起诉讼一方的"举证"必须及时明确表态。答辩人进行答辩,必须对起诉状、上诉状提供的证据作出正面回答,不可含糊其辞或者故意回避。然而在诉讼实践中,有的被告有意玩弄诉讼"技巧",在答辩状中"留一手",不及时向法庭提供证据材料,而等到关键时刻、甚至"终审"程序才突然"举证",抛出"重型炮弹"来,使对方当事人面子难看,使法庭吃惊,自己心中得意。这种诉讼态度是不正当的,它降低了办案效率,提高了诉讼成本。例如,一起买卖合同纠纷:被告某服务有限公司被诉请判令偿付货款1000余万元，在初审第一次开庭时，辩称其所欠货款没有这么多，却表示“没有证据可以提供”；法庭根据原告的申请，依法委托审计部门对双方间的来往账目进行审查，确认被告所欠货款应为800余万元，但被告不予认可，又明确拒绝提供财务凭证；直到第二次开庭进入“法庭辩论”阶段时，被告突然向法庭提交了一份原告的信函，以此证明其所欠货款金额应为400余万元。按法律规定，这份信函的证明力优于依据原告单方资料作出的审计结论，故法庭对它予以采纳，判决被告偿还欠款400万元。同时，也以被告滥用诉讼权利、玩弄诉讼“技巧”、拖延诉讼时间的过错，判决被告承担本案审计费17万元。结果，被告某服务有限公司落了个“赢了官司反赔钱”的下场。

（二）答辩理由必须突出重点

答辩状是属于“后发制人”的诉状，要实现答辩人否认、驳倒对方诉讼请求的目的，必须抓住对方诉状中的要害问题或者“薄弱环节”，用事实、证据、法律进行批驳。如果对方诉状问题较多，可以选择几个主要问题依次批驳；如果只有一个关键性错误，就可以集中予以批驳。另外，应注意语言的说理性，不可“火爆失控”。例如一起借款纠纷案：村民余、王二人是多年的“好朋友”，1990年10月合伙经营小麦生意，因共谋“地磅下藏人做手脚”坑骗顾客，被工商管理部门拘留，处罚赔偿受害人11万元经济损失。余某对王某说：“我出去筹钱还罚款，不然谁也别想出去。”又说：“你得给我打个借款12万元的借条，期限一个月，利息40%。”王某为了免受牢狱之苦，就按余某口述写了“借条”，签上自己的名字，写上日期为1996年10月30日。过几天王某被释放，余某凭“借条”将王某告到法院，称王某于1996年9月30日因做生意缺钱，向自己借款12万元，许诺一个月内还款，可是逾期拒还，故请求法院判处被告王某还款12万元及利息。被告王某辩称：

原告说我于1996年9月30日写借条一张。时间不对，应是

1996年10月30日。当时我在拘留所，是被迫写的虚假借据。我从来没有“因做生意缺钱”向原告借过钱，请法庭验证。

在庭审质证过程中，审判员发现“借据”日期有涂改痕迹，质问原告是怎么回事，原告余某无词以对，只得承认自己涂改借据上时间的事实：“因为起诉时还不到约定的还款日期，而且落款日期是1996年10月30日，这天被告正在拘留所里，不可能借款做生意，于是我就把借款日期涂改为9月30日，把还款日期11月30日涂改为10月30日。”法院经过审理，根据《中华人民共和国民法通则》第58条有关“一方以欺诈、胁迫的手段或者乘人之危，使对方在违背真实意思的情况下所为的”，属无效民事行为，“从行为开始起就没有法律约束力”的规定，判定原告逼迫被告在关押期间打的12万元借条，不是被告真实意思的表示，应属无效民事行为；且原告蓄意涂改借据日期，具有明显欺诈恶意，故驳回原告余某的诉讼请求，判令案件受理费4310元、财产保全费1120元、公告费100元，均由原告负担。

此案答辩人之所以胜诉，重要原因之一是答辩状对起诉状的要害问题即“借据日期”提出了反驳和质疑；此外与法庭审判人员的认真态度与秉公司法当然也是分不开的。这起借款纠纷案的发生与处理，除了对文书写作方法有启示之外，难道对于如何“做人”、如何“交友”没有引人深思的作用吗？

（三）民事答辩状的格式和实例

1. 公民使用的格式和实例

格式：

民事答辩状

答辩人：姓名、性别、年龄（出生年月日）、民族、籍贯、工作单位、职业或职务、住所或常住地。

法定代理人：姓名、性别、年龄、民族、籍贯、工作单位、职业或职务、住所或常住地，与答辩人的关系。

指定代理人：姓名、性别、年龄、民族、工作单位、职业或职务、住所或常住地，与答辩人的关系。

委托代理人：姓名、性别、年龄、民族、工作单位、职业或职务、住所或常住地（是律师的，只写姓名、工作单位和职务）。

答辩人因原告（或反诉人、上诉人、申请人、申诉人）×××（姓名或名称）提起……（案由）一案，现提出答辩如下：[或者写：答辩人于×年×月×日收到你院转来原告（或反诉人、上诉人、申请人、申诉人）×××（姓名或名称）提起……（案由）之诉一案的起诉状（或反诉状、上诉状、再审申请书、申诉书）副本，现提出如下答辩：]

此致

____人民法院

附：1. 本答辩状副本____份；

2. 证据名称、件数。

答辩人：______

____年__月__日

实例(1)：

民事答辩状

（一审）

答辩人：朱××，女，42岁，汉族，××省××市人，×××厂工人，住××市××街××胡同×号。

因王××诉我离婚一案，提出答辩如下：

原告以"婚后感情不和，夫妇关系彻底破裂"为理由。向××区人民法庭提起诉讼，要求离婚。我坚决不同意。其理由和事实是：

1. 原告在起诉状中说与我"婚后感情不和,夫妇关系彻底破裂",这与事实不符。1962年5月,经人介绍,我与王××(原告)认识,双方自由恋爱。1962年9月结婚,婚后夫妻感情很好,家庭关系和睦。结婚21年来,我们生有4个子女。在日常生活中,我们共同劳动,抚养子女,夫妻双方之间也能互相关心,互相照顾,彼此的感情是深厚的。例如1966年我生二儿子时,身体不好,原告主动操持家务,照顾我休息,一勺一勺地为我喂药、喂水、喂饭。就在原告提起离婚诉讼后,我们谈及此事,见我伤心哭泣,原告也流下眼泪。这怎么能说我们夫妻"婚后感情不和,夫妇关系彻底破裂"?近年来,我发现原告在作风上有不检点之处,即向其指出,进行批评,并向其所在单位领导反映了情况。目的在于提醒原告加以注意,避免犯错误,为此我们之间产生了一些矛盾。但每次发生矛盾,往往都是事过即和。原告几次外出居住,也都时间不长,即主动回家生活。我们夫妇之间虽有些隔阂,但完全有和好的可能,所谓"感情彻底破裂"是不真实的。

2. 原告在起诉状中提到我流产一事,怀疑不是他的孩子,这是他歪曲事实,为离婚编凑理由。事实上,原告在1980年8月与我分居,11月底即回家居住直至今日(对此,家里孩子都可证明),我们在此期间一直过正常的夫妻生活。1983年3月我怀了孕,同年5月我作人工流产。手术那天,原告为我买了早饭(油条半斤),用自行车推着我走了几个医院。由于做手术的人较多,是原告在市二院找熟人给我先做了手术。手术后,他又送我回家,给我买了3斤黑糖,还嘱咐我大女儿:"给你妈煮鸡蛋,好好照顾你妈",当时他根本没表示任何怀疑。直到今年7月份,他同我闹离婚,才对外造谣说孩子不是他的,这显然是原告别有用心。原告以此为离婚理由,是极其荒唐的。

综上所述。原告提出的离婚理由是站不住脚的。我认为,只要原告端正思想,真诚改善夫妻之间的关系,我们是完全可以和好的。因此,希望法庭从有利社会,有利家庭,有利子女出发,对原告进行教育，帮助他树立正确的婚姻观，使我们重归于好。

此致

××市××区人民法庭

答辩人：朱××

1983年8月××日

实例(2)：

民事答辩状

答辩人：刘××，女，37岁，汉族，××市交通局公路管理站职工，住交通局家属楼。电话：(略)。

被答辩人：张××，男，46岁，汉族，××市××路办事处税务所干部。电话：(略)。

答辩人因被答辩人原告张××诉与我离婚一案，现答辩如下：

被答辩人原告在起诉状中称："双方认识时间不长就草率结婚。婚后发觉双方脾气性格差距太大，夫妻感情无法建立。再加上原告原有两个女儿、一个老人，这样一来，被告总是找茬和我吵架，对一老二小横挑鼻子竖挑眼，其目的是让我摆脱老小与她另居他处。为此，结婚之后夫妻总是吵吵闹闹。最严重的是1999年8月份的一天晚上，大女儿放假回家，我陪两个女儿打扑克，被告气不知从何处来，上前就踢了我女儿两脚，打了一个耳光。在双方扭打中，老母上前拉架，被告一脚将老母踹倒在地，而且还拿家伙砸生活用品和汽车。这还不算，娘家还来一帮人，大吵大骂一顿之后，被告回娘家不归，夫妻分居至今。请法院准予原、被告离婚。"

原告上述所说，我想连他原告本人也会认为是虚构的，是违背良心和实际的，是在欺骗自己，是一种怯懦的表现和痛苦的选择。为什么？因为我们俩都是再婚人，在婚姻问题上都有一段不幸的遭遇，对此双方都铭记在心，所以在选偶上都比较慎重。再者，我俩在十几年前就认识(当时我在汽修厂工作，原告开汽车)，原告经常到我厂修车买零件，所以彼此较为熟悉。我俩是在经多方了解，慎重考虑，认为条件成熟的情况下才结婚的。婚后，夫妻关系如胶似漆，情深意笃，可以说形影不离，恩恩爱爱。自结婚以来，是“夫唱妇随”，从来没红过脸、吵过架，几乎每天他都是用车载着我走亲访友，吃喝玩牌，互相关心，体贴照顾。原告为了讨我的高兴和欢心，于 1998 年 12 月曾陪我坐飞机去上海、南京等地旅游观光。在游景观光中我累了，原告就背着我走。这次旅游花费 2 万元人民币。此外，每到年节、假日，原告与我总是一块去看望我的父母。

婚后，不但夫妻关系好，家庭也很和睦。我答辩人对原告小女，视为掌上明珠，对其关心疼爱，胜过亲生女儿。由于我无微不至地感化，小女儿与我关系甚为密切，无话不说，就连学校开家长会，女儿都非让我去参加。我对待原告的老母，更是尽其孝道，让其享受天伦之乐。因老母年事已高，我就给她梳头、洗脚，饭菜尽量做得可口，让她安度晚年。我的所作所为，有什么“失格”之处？哪一点对不住你原告全家老少？我是问心无愧的！

那又为什么原告一纸诉状告到法庭，要求离婚呢？这是原告一种违心的选择、怯懦的表现，是对现实的回避。原告与前妻离婚，是因为妻子对其不忠，被其觉察离异的，留下 3 个女儿，小女随原告生活。前妻被离散，当然对原告恨之入骨，总想对其报复，但又苦于不好直接出面，便指使孩子去原告家制造事端，挑拨是非，离间我们夫妻感情。原先大女儿、二女儿根本不来，自我俩结婚后，才经常来。原告感到风头不对，并对我说：“这不是好兆头。”果不出所料！1999 年 8 月 4 日晚，大女儿、二女儿来了，原告陪她们打扑克，一直到深夜不散。我出于对他们的关心，催其早点休息，原告不听，到夜间 1 点钟还继续玩。我起床又去劝阻，大女儿便借故对我破口大骂。我说，我是你的长辈，不应骂。她哪里听得进去，继续骂我。见状，人们将我推进卧室，但她追到门口还是骂。当我问她想干什么时，她动手就打我，因我躲闪滑倒，她便拿起笤帚在我身上乱打，使我浑身上下留下70多处伤痕。整个过程我一手未还。说我"踢倒老母"之说，更属无中生有。我被打之后去了医院，原告3个女儿全住在张××家。我怕被打，就住在娘家。后来，张××因私藏枪支被拘留3个月，这就是原告所说的"夫妻分居至今"的真相！就在张××被拘留期间，我还进行了探视，夫妻相见，依依不舍，激动地流下了眼泪——这是夫妻感情的真正体现！

关于摩托车、手机、BP机的问题。摩托车是原告给我买的，我确实也骑回娘家，但在1999年8月29日夜被盗走，并报了警。手机、BP机我确实不知被谁拿走。

综上，我与被答辩人结婚以来，夫妻感情一直很好。原告起诉离婚，并非出自内心，而是受外在因素的干扰，自身又缺乏勇气与之斗争。张××的痛苦我是清楚的，我愿为他排忧解难，不使仇者快、亲者痛的阴谋得逞。所以，我坚决不同意离婚！

希望法院帮助排除妨碍自由婚姻道路上的一切障碍，使我们夫妻重归于好。

此致

××市人民法院

附：本答辩状副本1份。

答辩人：刘××

2000年1月××日

实例(3)：

民事答辩状

(一审)

答辩人:黄××,男,72岁,退休工人,住××区粮店××号。

被答辩人:××区服装一厂。

法定代表人:胡××,厂长。

答辩人因原告(被答辩人)××区服装一厂诉建筑纠纷一案,现提出如下答辩:

原告因翻建厂房,在我自有房后施工,准备盖两层楼。原告施工的南墙与我的北墙相邻,距离仅70公分。我的住房是二层楼,上下各三小间筒子房,第一层只有80公分见方的一个窗子,与原告计划修建中的男女厕所窗子基本相对,原告的建筑将会遮住我室内的光线,建成后的厕所将会污染我室内的空气。我几次与原告交涉,但原告根本不考虑我的意见,仍然继续施工。我出于不得已,才拆了原告南墙的东段(约1米长),为此,原告让我负担工程损失。我认为这是毫无道理的。

原告计划施工中的二层是一个车间,将安放几十台缝纫机,我楼上有两个窗子与原告的车间正好相对,原告一旦竣工生产,机器的震动噪声,对我家无疑是一种干扰。工厂一般是两班倒,我们会昼夜不得安宁。

建筑房屋,修建厕所,应考虑到他人的合法权益,如果损害公民的健康,影响邻人的生活和休息,应当承担民事责任。原告强调建筑图纸经市规划局批准,不能随便更改,纯属借口,不能成立。规划局批准建筑也不能不遵循照顾相邻关系的原则。原告必须考虑我的合法权益,改变设计,或者为我调换相当的住房,按搬迁处理。

此致

××市××区人民法院

答辩人:黄××

1982年×月××日

2. 法人和其他组织使用的格式和实例

格式：

民事答辩状

答辩人名称(或字号)：

地址：

法定代表人(或法人代表、主要负责人)：姓名、职务、电话(其他组织、个人合伙或个体工商户，应分别写明代表人等姓名、性别、年龄、民族、职务、住所或常住地)。

企业性质：　　　　工商登记核准号：

经营范围和方式：

开户银行：　　　　账号：

委托代理人：姓名、性别、年龄、民族、工作单位、职业或职务、住所或常住地(是律师的，只写姓名、工作单位和职务)。

答辩人因原告(或反诉人、上诉人、申请人、申诉人)×××(姓名或名称、字号)提起……(案由)一案，现提出答辩如下：[或者写：答辩人于×年×月×日收到你院转来原告(或反诉人、上诉人、申请人、申诉人)×××(姓名或名称、字号)提起………(案由)之诉一案的起诉状(或反诉状、上诉状、再审申请书、申诉书)副本，现提出如下答辩：]

此致

______人民法院

附：1. 本答辩状副本____份；

2. 证据名称、件数。

答辩人：________

____年__月__日

（加盖单位公章）

实例(1)：

民事答辩状
（二审）

答辩人(原审原告、被上诉人)：××市××××公司。

地址：××市××区××胡同××号。

法定代表人：顾××，经理。电话：(略)。

被答辩人(原审被告、上诉人)：××市××集团总公司。

地址：××市××区×××路××号。

法定代表人：王×，经理。电话：(略)。

被答辩人因房屋纠纷一案，不服××区人民法院(1997)×民初字第××××号判决，提出上诉，其上诉状副本答辩人收悉。答辩人现依法提出答辩如下：

一、答辩人认为一审判决事实认定清楚

1984年，答辩人与被答辩人共同建成坐落于××区××南里宿舍楼一栋。1991年1月，××区房地产管理局发放产权证，其中18%产权额归答辩人所有，82%产权额归被答辩人所有。双方于1994年以前共同使用地下室开办旅馆，1994年以后，被答辩人独自占用。答辩人曾多次同被答辩人协商要求返还所属地下室，被答辩人却以种种理由推诿，至今被答辩人也未腾空答辩人所属地下室。一审法院认为："财产所有权人依法对自己的财产享有占有、使用、收益和处分的权利，禁止任何组织非法占用，原告诉讼请求于法有据，本院予以支持。"是完全符合事实情况的，从而维护了答辩人的合法权利，免受非法继续侵害。

二、标的计算合情合理

答辩人对标的计算是参考了现行房屋造价后计算的。1984年房屋合280元/平方米，被答辩人所侵占的面积为126.912平方米。但是，根据现在的物价上涨指数及房地产所售房屋的一般价格,位于三环路旁的房屋按照3000元/平方米计算已属偏低。因此,答辩人标的金额计算并未提高。所以,被答辩人认为答辩人提交标的金额有误,认为多余诉讼费由答辩人承担是毫无道理的。

综上所述,答辩人认为一审判决事实清楚,适用法律恰当。被答辩人的上述请求从事实上讲不符合实际情况,从法律上讲也无依据,特请求二审法院驳回被答辩人的诉讼请求,维持原一审判决。

此致

××市第×中级人民法院

附:本答辩状副本1份。

答辩人:北京市××××公司

1997年11月××日

(公章)

实例(2):

民事答辩状

(二审)

答辩人(被上诉人):××××资源技术开发公司。

住所地:××市××区××路。

法定代表人:刘××,经理。

被答辩人(上诉人):××××发展有限总公司。

住所地:××市××大道××号。

法定代表人:张××,经理。

答辩请求

1. 依法维持一审判决第二项及对诉讼费的判决。

2. 依法维持答辩人的胜诉权。

3. 上诉费用由被答辩人承担。

答辩事实和理由

一审判决对《还款计划》的事实认定和所适用的法律都是正确的。

1998年×月××日被答辩人的法定代表人张××写好《还款计划》就给了答辩人，答辩人对该《还款计划》从始至终是接受的。因此，它具有还款协议的性质。一审法院认定“按有关法律规定，该还款协议属原告××××公司与被告××××公司达成的新的债权债务关系协议，应受法律保护”，是完全正确的。特别强调一点，答辩人在一审法庭上再次明确陈述接受《还款计划》，是对已经存在的事实又一次肯定，根本不存在不接受的问题。这有庭审记录为凭。所谓的“胁迫”说法，不攻自破，因为就连上诉人也称“无其他证据佐证”，还提此干什么呢。一定要说“要约”的话，仅答辩一句话：被上诉人已经完全承诺了，故新的债权债务关系协议，当然应当受到法律的保护。一审法院适用法复[1997]第4号司法解释是完全正确的。再说什么“已经过了诉讼时效”的问题，只能说是对法律的一窍不通。

综上所述，请二审法院维持一审法院的判决，以使答辩人的合法权益得到法律的维护，驳回被答辩人的上诉。

此致

××市高级人民法院

答辩人：××××资源技术开发公司

法定代表人：刘××

1998年×月×日

（公章）

行政官司与行政诉状

行政诉状是行政诉讼案件的当事人依法维护自身合法权益的手段。行政诉讼是俗称“民告官”一类的官司，属于三大诉讼之一。其诉状类别，按照诉讼程序分为行政起诉状、行政上诉状、行政再审申请书、行政申诉书以及行政答辩状等。

行政诉讼制度在我国比刑事诉讼和民事诉讼制度的建立都晚得多，因此，行政诉讼案件是三大诉讼案件中最少的。但是近几年来，在某些经济发展比较快的农村，行政诉讼案件逐渐增多起来，及时解决了农民与政府之间的矛盾，稳定了农村的社会秩序。为了使“依法治国”的方针在农村真正落实下来，当前在农村深入宣传《行政诉讼法》及其相关法律，增强农民的行政诉讼意识，帮助农民正确行使行政诉讼权利和运用行政诉讼手段，是十分必要的。

一、行政诉讼的特点和要求

行政诉讼或称“行政官司”，虽然反映的是“民”与“官”之间的纠纷，但是性质也属于人民内部矛盾，与民事诉讼性质相同，二者连诉状的写法以及当事人交纳诉讼费等也很相似。只是由于行政案件当事人之间的关系有一定特殊性，诉讼内容有某种特定性，因此，行政诉讼也有自己的特点和要求。

（一）行政诉讼的特点

1. 行政诉讼有特定的受理范围。根据我国《行政诉讼法》和最高人民法院有关司法解释，“公民、法人或者其他组织对具有国家行政职权的机关和组织及其工作人员的行政行为不服，依法提起诉讼的，属于人们法院行政诉讼的受案范围。”具体包括 8 类案件：

(1)因对行政处罚(罚款、吊销许可证和执照、责令停业停产、没收财产等)不服的案件；

(2)因对行政强制措施(拘留和查封、扣押、冻结财产等)不服的案件；

(3)因对经营自主权(土地承包经营权、个体户合法经营权等)处理不服的案件；

(4)因对拒绝颁发许可证和执照不服的案件；

(5)因对不予保护人身权、财产权引起争议的案件；

(6)因对行政机关没有依法发给抚恤金不服的案件；

(7)因对强制履行义务(乱收费、乱摊派等)不服的案件；

(8)因行政机关侵犯其人身权(生命健康权、姓名权、婚姻自主权等)和财产权(土地所有权和使用权、专利权等)引起争议的案件。

凡是符合上述 8 种案情的被侵权人，都可以向人民法院提起行政诉讼，人民法院将会依法受理。

2. *行政诉讼的被告固定是政府机关*。这是行政诉讼的基本特点之一。提起行政诉讼的当事人是老百姓，包括非政府机关的所有公民、法人和其他组织，当然包括广大农民和村民委员会在内；被告一方当事人，法定是行政执法机关，包括乡(镇)及其以上的政府部门，例如：公安、工商、狱政、民政、国土资源、建设、规划、交通、水利、农业、文化、卫生、药品监督、审计、税务、环保、质量监督等各种国家管理机构。这些政府部门，以单位名义为被告，而不是以具体行政人员的名义为被告。应强调指出的一点是，由于行政诉讼的“被告”固定是行政机关，因此，不适用“反诉”，即行政机关不能够在被起诉之后，来个“官告民”。这是与民事诉讼的重要区别之一。

3. *行政诉讼当事人诉讼地位平等*。在日常工作和生活中，行政机关与老百姓之间是管理者(政府)与被管理者(老百姓)的关系，或者说是公仆(政府)与主人(老百姓)的关系。但是，一旦“对簿公堂”,与民事诉讼当事人之间关系便没有两样,“当事人在行政诉讼中的法律地位平等”(《中华人民共和国行政诉讼法》第7条)。因此,处于弱势地位的“民”,在行政诉讼中完全不必怕“官”。

4. 行政诉讼的被告负有主要举证责任。我国《行政诉讼法》第32条规定:“被告对作出的具体行政行为负有举证责任,应当提供作出该具体行政行为的证据和所依据的规范性文件。”这说明行政官司实行的是被告举证制,或者说实行的是举证责任“倒置”原则,与民事诉讼所实行的“谁主张,谁举证”的举证责任分担制不同。最高人民法院《关于行政诉讼证据若干问题的规定》(法释〔2002〕21号),又进一步强调了被告即政府机关的举证责任,要求被告“应当在收到起诉状副本之日起10日内,提出据以作出被诉具体行政行为的全部证据和所依据的规范性文件”;“被告认为原告起诉超过法定期限的,由被告承担举证责任”;并规定“被告及其诉讼代理人不得自行向原告和证人收集证据”。总之,作为被告的政府机关有义务向法庭提供证据来证明其行为的合法性,否则,就要承担败诉的后果。

法律这样规定的目的,一是促使政府“依法行政”,二是严格保护普通老百姓的正当权益。不过,作为原告的一方,也不可完全听任被告提供证据,而应当积极提供有利于自己的证据材料。因此,最高人民法院又规定:原告“向人民法院起诉时,应当提供其符合起诉条件的相应的证据材料”,比如:起诉被告不履行职责(“不作为”)的,应当提供原告曾经向被告提出申请的证据材料(被告依职权应当主动履行法定职责的,原告无须提供证据);起诉要求被告予以赔偿的,原告应当对具体行政行为造成的损害事实提供证据。原告提供证据的时间,应当在法院开庭审理前或者在人民法院指定原、被告双方交换证据的日子。

5. 行政诉讼前的行政复议程序。依据我国《行政诉讼法》和《行政复议法》的规定,公民、法人和其他组织对行政决定不服的,对有些案情可以在3个月内直接向人民法院提起行政诉讼。但是对有些案情必须首先向上一级行政机关申请复议,当对复议结论仍不服时,可在15日内向人民法院提起行政诉讼(以上一级复议机关为被告)。必须先行申请复议的案件共有11类,如,认为行政机关变更或者废止农业承包合同,侵犯农民合法权益的案件;对行政机关作出的限制人身自由或者查封、扣押、冻结财产等强制措施决定不服的案件等。

6. 行政诉讼一般不适用调解。行政诉讼涉及的争议内容一般都是有法可依、有章可循的,因此强调依法裁判,而不采取民事诉讼中的调解方式。但是如果纯属损害赔偿的争议,可以通过法院主持调解来解决。

了解以上行政诉讼的特点,老百姓打“行政官司”就可以避免盲目性。

(二)行政诉讼的要求

行政诉讼是解决政府与人民群众之间争议的重要途径,其目的是保护公民、法人和其他组织的合法权益,维护和监督行政机关依法行使行政职权。

1. 公民应当据理提起行政诉讼。提起行政诉讼是老百姓的权利。我国《行政诉讼法》第2条规定:“公民、法人或者其他组织认为行政机关和行政机关工作人员的具体行政行为侵犯其合法权益,有权依照本法向人民法院提起诉讼。”根据这条规定,当农民以及其他普通老百姓的合法权益受到政府或其行政执法人员侵犯的时候,就可以依法打行政官司。

2. 行政机关应当树立与原告平等的意识。依法行政是“依法治国”的核心,而行政诉讼是督促依法行政的重要手段。应该说,我们国家的政府机关和绝大多数行政人员是依法办事的,是“执政为民”的,不乏“无私奉献”、“执法如山,守身如玉”的人民公仆。他们热心为老百姓搞“民心工程”,而不热衷于为政府自身搞“形象工程”;他们对国家的行政诉讼制度与普通老百姓一样是真心拥护的。这样的政府机关和行政人员,很少会引发行政诉讼;即使偶尔引发了也不会认为“丢面子”,更不会认为与老百姓“对簿公堂”有失身份。因为他们“胸中常怀公仆心”,认为为国家进行执法管理,与“为人民服务”是一致的;自己的权力是人民给的,自己不过是受老百姓委托办事的公民或“公仆”而已。特别是广大公安干警为保一方平安,舍身忘死与犯罪分子作斗争,其英雄事迹,屡见报端,可歌可泣。可是,国家新闻媒体也公开“爆光”了个别基层政府和行政人员的违法乱纪事件。当然,这毕竟是极少数,而且已为国法所不容。我国《行政诉讼法》第7条规定:“当事人在行政诉讼中的法律地位平等。”作为“当然被告”的政府机关,必须遵守“法律面前人人平等”的原则,与原告平等对话。

3. **法官应当刚正不阿地秉公审判。**我国《行政诉讼法》第3条第1款规定:“人民法院依法对行政案件独立行使审判权,不受行政机关、社会团体和个人的干涉。”同法第4条规定:“人民法院审理行政案件,以事实为根据,以法律为准绳。”法律对法院审理行政案件作了明确规定和要求,强调一要“独立”,二要坚持诉讼原则。

从10多年来行政官司的实践来看,一方面有原告的“民”缺少证据、理由,“于法无据”等情形;另一方面,有少数法官本身司法素质不高甚至个别屈从外来“干涉”、违心办案的情形。法官素质首先应当强调“思想素质”,即清正廉明、刚正不阿(当然精于法律业务也很重要),否则就会“执法违法”。现在我国法官素质如何?应当说已经普遍有了很大提高,但是极少数“执法犯法”的法官还是有的。例如:××省××县人民法院副主任王某,无证驾驶白色桑塔纳警车,将村妇俞××母子撞倒,造成子亡母伤的严重后果。肇事后,“不仅不停车,反而开启警灯一路狂奔”,追上来的群众劝说其回去送受伤者去医院,王某“就是不开车回去”。群众报警后,王某于当天夜里到公安机关投案自首(《法制日报》2002年8月27日《无证驾驶撞人后开启警灯逃逸》一文)。法官是代表国家“定纷止争”、实现正义的人。老百姓对法官抱有很大的希望,常言说,有话讲在当面,有理说给法院。作为人民的法官,应当遵守和忠于法律,刚正不阿，秉公断案。

以上是行政诉讼的基本要求。此外，当事人还必须依法写作和递交各种行政诉状。

二、怎样写行政起诉状

行政起诉状是公民及其法定代理人、法人或其他组织对于国家行政机关、组织及其工作人员的具体行政行为不服，依法以国家行政机关、组织为被告，请求人民法院维护自己合法权益的书状。我国《行政诉讼法》第 2 条规定："公民、法人或者其他组织认为行政机关和行政机关工作人员的具体行政行为侵犯其合法权益，有权依照本法向人民法院提起诉讼。"这是行政诉讼的基本法律依据，说明提起行政诉讼是一种单向的诉讼行为，而行政起诉状具有提起"民告官"诉讼的重要作用。

（一）提起行政诉讼的条件和要求

1. 案情应当符合行政案件范围。根据《行政诉讼法》和有关司法解释，属于行政案件范围的，共有 8 类案件（前面已具体说明）。只有符合法定 8 类案情的纠纷，才可以提起行政诉讼，否则，应该提起民事诉讼或者刑事自诉。

行政案件虽然只有 8 类，但是具体案由相当多，案由一般包括下列情形：

（1）土地征用纠纷；

（2）房屋拆迁纠纷；

（3）公安民警不履行职责（不作为）纠纷；

（4）城镇规划纠纷；

（5）土地买卖纠纷；

（6）选举纠纷；

（7）执法人员非法殴打、拘留、致人伤亡的行政赔偿纠纷；

(8)公证处违法公证纠纷；

(9)国家考试纠纷；

(10)医疗事故鉴定纠纷；

(11)越权行政纠纷；

(12)通缉令悬赏纠纷；

(13)纳税纠纷；

(14)乱摊派、乱收费、乱罚款纠纷；

(15)土地承包合同纠纷；

(16)执法人员不履行告知义务纠纷(指执法人员对当事人进行处罚时，未向受处罚人说明其身份、法律依据、受罚人的权利、逾期的法律后果等)。

上述案由，都属于提起行政诉讼的范围。这些纠纷，有的是当事人与政府机关直接发生的，有的是由民事纠纷间接引起的。

2. 提起行政诉讼要找准被告。我国《行政诉讼法》规定打行政官司的重要条件之一是“有明确的被告”。总体来说，行政官司的被告是政府机关，而不是其工作人员张三、李四，因为其工作人员的执法行为是以政府机关名义作出的，法律称之为“职务行为”，而非“个人行为”(执法人员只有在进行非公务活动时才属于个人行为)。例如，农民某在火车站吐了一个葡萄皮，被值勤人员打伤，提起诉讼就应当以火车站管理处为被告(可把值勤人员列为第三人或第二被告)。又如：某饭店持有批准文件在居民区内建造锅炉房，造成烟尘污染、噪音、堵塞交通等问题，居民起诉，应当以规划局为被告(饭店为第三人)。但是政府机关是分级管理的，权限大小不同，应分辨出谁在侵犯原告合法权益中起了决定作用，起决定作用的行政机关就是本案被告。具体说，在“红头文件”上署名的是真正被告，如果在起诉期间，原来做决定的行政机关重新组建或撤销，应以继续行使职权的新建机构为被告；如果决定是由几个行政机关联合做出的，应当以几个行政机关为共同被告(例如，对国土资源局和房管局联合发出的“拆迁公告”不服的，提起诉讼应当以“国土资源局”和“房管局”为共同被告）。

3．提起行政诉讼前可申请行政复议。根据《行政诉讼法》规定，公民、法人或者其他组织对行政行为不服，可以先向复议机关（一般是上一级行政机关）申请复议，对复议不服的，再向人民法院提起诉讼，但也可以直接向人民法院提起诉讼（法律、法规规定应当先向行政复议机关申请复议的除外）。关于申请复议的行政行为内容，我国《行政复议法》作了11类规定，其中有8类与行政案件受理范围规定基本一致，另有3类情形是：

(1)对行政机关作出的有关许可证、执照、资质证、资格证等证书变更、中止、撤销的决定不服的；

(2)对行政机关作出的关于确认土地、矿藏、水流、森林、山岭、草原、荒地、滩涂、海域等自然资源的所有权或者使用权的决定不服的；

(3)认为行政机关变更或者废止农业承包合同，侵犯其合法权益的。

凡是属于上述情形之一的，受侵害的公民等都可以申请复议。具体的复议机关，行政机关执法人员应当在作出行政决定时告知当事人。申请行政复议是无须交费的。

4．提起行政诉讼应当遵守诉讼期限。诉讼期限是指法定的“诉讼时效”，即在一定期限内法院对起诉予以受理，过时不理。行政案件起诉的期限分为两种：

(1)直接向法院起诉的一般是3个月。我国《行政诉讼法》第39条规定：“公民、法人或者其他组织直接向人民法院提起诉讼的，应当在知道作出具体行为之日起3个月内提出。法律另有规定的除外。”

(2)不服行政复议决定起诉的一般是15日。《行政诉讼法》第38条第2款规定：“申请人不服复议决定的，可以在收到复议决定书之日起15日内向人民法院提起诉讼。复议机关逾期不作决定的，申请人可以在复议期满之日起15日内向人民法院提起诉讼。

法律另有规定的除外。”其中的“复议期满”，是指复议期已满60日。

5. 提起行政诉讼的原告应当合法、齐全。根据《行政诉讼法》规定，行政诉讼的原告必须是受到具体行为侵犯的公民、法人或者其他组织；凡是与行政机关的具体行政行为有利害关系、对行政行为不服的人，都可以作为原告提起行政诉讼。公民死亡的，由其近亲属提起诉讼；没有诉讼能力的公民，由其法定代理人代为诉讼，但是仍以被代理人为原告；法人或其他组织终止的，由承受权利者为原告；共同受到具体行政行为直接侵害的公民、法人或其他组织，可以作为共同原告。同行政诉讼所针对的具体行政行为有利害关系的其他公民、法人或者其他组织，可以列为第三人。

原告可以委托一至二人(一般为律师)代为诉讼。

以上是提起行政诉讼的一般条件和要求。此外，原告打行政官司，还必须有具体的诉讼请求和事实根据，必须向有管辖权的人民法院提起诉讼等(一般是向做出决定的行政机关所在地的人民法院提起诉讼)。

(二)行政起诉状的基本写法

行政起诉状的写法与民事起诉状很相似，主要应当写明三方面主要内容：

1. 诉讼请求应当明确、合法。一般可请求人民法院判令撤销被告的行政决定，或者判令被告履行某种职责；也可以根据具体案情同时请求被告赔偿经济损失。例如：“(1)要求撤销××市规划局的工程许可证；(2)要求判令限期第三人拆除非法建筑。”又如：“诉请法院依法判令被告履行其对举报人举报的违法线索进行调查、处理职责。”

2. 事实与理由应当清楚、充分。案件事实应当叙述清楚非法行政行为发生的起因、时间、地点，侵权内容、过程、导致的侵害后果；起诉理由应当结合证据和引用法律依据，简要分析并指出被告行为的非法性和侵权实质。例如一起328户村民状告某区土地管理局的诉状的事实与理由：

2000年1月，我们向被告反映了××××村村民委员会不经村民或村民代表大会讨论，私自撂荒180余亩耕地的情况，并请对此问题及时查处，责成村民委员会将耕地还给村民耕种。但两个月后，被告未作调查就认定该宗土地仅45亩，并对这45亩作出处罚决定。土地是我们农民的命根子，被告未对另外135亩耕地撂荒情况作出处罚，是一种不行政、不作为的失职行为；根据我国《行政诉讼法》第11条第5项和同法第2条规定，故请求人民法院判令被告履行职责，彻底查清撂荒亩数，以保护我们328户村民的合法权益。

这份集团诉讼行政起诉状的事实与理由，写得比较简明扼要，把被告“不作为”和不负责任的失职行为特点反映得很突出，语言也很中肯，并且能够恰当地引据法律，说服力是比较强的。本案的被告虽然履行了一定的职责，但是只履行了四分之一，因此原告指控其“不行政、不作为”，从实质上说，指控基本上是准确的。在现实生活中，行政机关不履行法定职责的情况并非极个别现象。为了督促行政机关勤政爱民，最高人民法院特别规定：公民、法人或者其他组织申请行政机关履行法定职责，行政机关在接到申请之日起60日内不履行的，公民、法人或者其他组织向人民法院提起诉讼，人民法院应当依法受理。

3. 应当具体写明有关各种证据。行政诉讼案件，虽然实行“举证倒置”，即主要应当由被告举出证据反驳原告的“主张”（诉讼请求），但是原告也不可“空口说白话”，也必须准备并在诉状中写明确凿的证据。关于证据的要求，最高人民法院有明确规定：

(1)提供书证的，应当提供原件或者与原件核对无误的复印件；

(2)提供物证的，应当提供原物（包括核对无误的复印件、照

片、录像等);

(3)提供证人书面证言的,应当符合以下要求:①写明证人的姓名、年龄、性别、职业、住址等基本情况;②应有证人的签名(不能签名的应当以盖章等方式证明);③注明出具证言的日期;④附有居民身份证复印件等能够证明证人身份的文件。此外,证人无特殊原因(年迈体弱、行动不便等),一般应出庭作证。

(三)行政起诉状的格式和实例

1. 公民使用的行政起诉状格式和实例

格式:

行政起诉状

原告:姓名、性别、年龄(出生年月日)、民族、籍贯、职业或工作单位和职务、住址等。

法定代理人:姓名、性别、年龄、工作单位、与原告关系等。

委托代理人:姓名、性别、年龄、工作单位等身份事项,并说明与原告的关系(是律师的,只写姓名、工作单位和职务)。

被告行政机关名称:

所在地址:

第三人:(是公民的,写明详细身份事项;是法人或其他组织的,写明名称、地址等)。

诉讼请求

事实与理由

证据和证据来源、证人姓名和住址

此致

______人民法院

附：本状副本____份。

起诉人：______

______年____月____日

实例：

行政起诉状

原告：李××，男，40岁，汉族，个体户，××市××区××乡××村人。

被告：××市政府。

地址：××街×号。

诉讼请求

1．请求法院判决撤销××市政府1998年12月×日(1998)×字第×号决定书；

2．请求判令被告补偿原告征地费27万元。

事实与理由

我原是农村人，1981年父亲退休，我顶工进城当了××市一国营商店营业员，1996年因商店亏损我离职。为实现再就业，我筹资40余万元，回到××市××区××乡，在我哥李××的承包地上办了一个食用菌厂。经努力，生产初具规模。1998年12月，××市政府因修高速路占去了我全部食用菌厂，有关部门却未依法给我应有的补偿。修高速路征地时，××市、××区、××乡三级政府派人对我的食用菌棚内作物进行了清点，当时，我的食用菌棚内有菌棒约8.5万棒，如果按当时的市场价计算，全部食用菌成本近20万元，季产值约550800元，而征地占棚后却仅给我补偿3万元食用菌款。为此我找村、乡、区和区土地局有关领导，问他们补偿依据是什么，回答说：征地补偿按市(88)9号文件执行。所谓(88)9号文件是1986年老土地法的配套文件，而国家正式批准××市政府有关部门征地的时间是1999年9月，此时新土地法已实施了近9个月，政府有关部门还拿已废止的老土地法及其配套文件执行明显不公。此其一。其二，即使按(88)9号文件规定补偿，也未得到真正落实，(88)9号文件规定青苗补偿应按每亩作物年产值，而我的全部食菌仅成本就近20万元，其年产值岂止3万元！综上，不论按新土地法还是按老土地法的配套文件，有关部门给我的3万元食用菌补偿款都不公平。依据《中华人民共和国行政诉讼法》第2条规定，特向你院提起行政诉讼，请依法撤销被告(1998)×字第×号决定书。判令重新作出决定，补偿征地给我造成的重大经济损失。

此致

××市中级人民法院

附：1. 本状副本1份；

2. 被告(1998)×字第×号决定书复印件一份；

3. 村、乡、区三级政府联合清点材料复印件1份。

起诉人：李××

2001年×月××日

2. 法人或其他组织使用的行政起诉状格式和实例

格式：

行政起诉状

原告名称：

所在地址：

法定代表人(或代表人)：姓名、职务、电话。

委托代理人：姓名、性别、年龄、工作单位和职务等身份事项(是律师的，只写姓名、工作单位和职务)。

企业性质：　　　　　　工商登记核准号：

经营范围和方式：

开户银行：　　　　　　账号：

被告行政机关名称：

所在地址：

第三人：姓名、性别、年龄、工作单位和职务等身份事项（是法人或其他组织的，写明名称、地址）。

诉讼请求

事实与理由

证据和证据来源、证人姓名和住址

此致

______人民法院

附：本状副本____份。

起诉人：______

______年____月____日

（加盖单位公章）

实例：

行政起诉状

原告：××省××县××水产加工厂。

所在地：（略）。

法定代表人：郑××，厂长。

被告：××省××县标准计量管理局。

法定代表人：朱××，局长。

诉讼请求

撤销××县标准计量管理局×标计(1995)处字第01号《案件处理决定书》。

事实与理由

今年4月17日，原告接到××县饲料公司需要鱼粉的电报后，到该公司签订购销合同。经与该公司协商，双方签订了购销61吨等外品鱼粉的合同，每吨售价1900元。

6月20日，货到××县饲料公司后，购销双方会同××县计量管理局工作人员进行抽样，封包后送××市××××检测站进行法定检验，以便根据合同规定凭化验数据结算货款。但6月14日，在××市××××检测站检验报告未到的情况下，被告以自送到××畜牧兽医学院的化验为依据，强行对原告货物进行查封，并扣押了原告的财产结算单据。当××市××××检测站检验报告送到后，被告又私自扣押多天；而该报告化验结果表明，该批鱼粉质量与合同规定基本相符，为合格产品。在这种情况下，该局仍然在7月18日对原告以×标计(1995)处字第01号对原告处以没收价值11.59万元的61吨鱼粉的决定。

原告认为，根据《中华人民共和国标准化法》第7条的规定，鱼粉属推荐性标准，而不是强制性标准，当事人可以自主决定购销鱼粉的质量标准。原告与饲料公司自行约定质量标准，按质论价，并无不当。几年来购销双方会同计量管理局工作人员都是这样做的。这次被告以原告违反强制性标准的规定进行处罚，显然是不合法的。国务院关于发布《工业产品质量责任条例》的通知，即国发(1986)42号文件是处理产品质量责任案件的主要法规，而被告适用国办发(1989)32号文件第2条第2款、《××市市场商品质量监督管理办法》第12条第5项规定，对被告货物予以全部没收，此属适用法律不当。因此，原告请求人民法院撤销××县标准计量管理局对原告产品予以没收的处罚决定，维护原告合法权益。

证据和证据来源

1. 原告和××县饲料公司购销合同1份；

2. 被告查封单1份；

3. 被告出具的收条1份；

4. ××市××××检测站化验单1份；

5. 被告所作《案件处理决定书》1份。

此致

××县人民法院

附：本诉状副本1份。

起诉人：××省××县××水产加工厂

1995年10月2日

三、怎样写行政上诉状

行政上诉状是行政诉讼当事人、有独立请权的第三人及其法定代理人等不服第一审尚未生效的裁判，依法请求上一级人民法院撤销原判、发回重审或者直接改判，维护自己合法权益的书状。我国《行政诉讼法》第58条规定："当事人不服人民法院第一审判决的，有权在判决书送达之日起15日内向上一级人民法院提起上诉。当事人不服人民法院第一审裁定的，有权在裁定书送达之日起10日内向上一级人民法院提起上诉。逾期不提起上诉的，人民法院的第一审判决或者裁定发生法律效力。"不难明白，行政上诉与民事上诉的要求是相同的，当事人不服一审裁判，莫错过了上诉期限。

行政案件提起上诉的，可能是原告，也可能是被告或者第三人,甚至可能当事人和第三人全都上诉。下面主要谈谈原告上诉的有关问题。

(一)行政上诉状的写作要求

行政上诉状的写作要求与民事上诉状基本相似,主要有以下几点:

1. 应当提出明确、具体的上诉请求。如:“要求撤销原判,发回重审”;或者“请求二审法院撤销原判,予以改判”;也可以“请求撤销原判第×项,直接予以改判”。需要说明的是,根据有关司法解释,在进入行政诉讼一审过程中,原审被告(行政机关)不得改变原来的具体行政决定;作为提起上诉的原告(公民、法人或其他组织),不得因政府机关改变行政决定而撤回上诉,这样要求的目的是防止侵害上诉人的合法权益。

2. 应当注意上诉理由的针对性和驳辩性。从原告上诉来说,应针对原审裁判“认定事实不清、证据不足”或者“违反法定程序”等具体错误,通过举出证据和引用有关法律予以辩驳。论辩上诉理由,应注意提出明确的论点,安排适当的层次,并突出关键问题,而且语言应当力求准确、简明。

例如一起宅基地纠纷案行政上诉状,原告提起上诉,在上诉理由部分,依次分为三层对一审裁定进行了反驳:

首先,概括指出原审裁定结论是错误的:“一审裁定认定上诉人与(1997)×字第×××××号《国有土地使用证》无法律上的直接利害关系,不具备原告诉讼主体资格。上诉人认为该裁定背离证据,想当然地认定事实,甚至置已查明的事实于不顾,割裂法律,断章取义,盲目裁定,导致剥夺公民合法诉讼权,应予纠正。”

其次,又先后提出两个方面的理由和论点,进行具体驳辩:“(1)一审裁定想当然认定上诉人的‘部分宅基地已被×政土征〔1996〕××号文件征为国有’,缺乏事实根据,对事实认定自相矛盾,不能自圆其说(以下具体分析×市政府征用土地批复与裁定书二者认定事实不一,批驳裁定有失客观严肃)。事实是,市政府

〔1996〕第××号文件中不包括上诉人的宅基地，可是1997年第×××××号“使用证”却把上诉人的宅基地划入了征用范围，证书与批文自相矛盾，严重侵犯了上诉人的合法权益（上诉人未曾得到国家任何经济补偿）！(2)上诉人与(1997)×字第×××××号《国有土地使用证》有法律上的直接利害关系，具备原告诉讼主体资格（下面举出三个方面的法律事实，说明上诉人的合法权益遭到了损害）。根据最高人民法院《关于执行〈中华人民共和国行政诉讼法〉若干问题的解释》(法释〔2000〕8号)第13条第4项、第16条的规定，对于被告变更的行政决定，原告有权以自己的名义提起诉讼，依法具有诉讼主体资格。”

最后，总括上诉理由：“综上所述，一审裁定以上诉人与所诉行政行为‘无法律上的直接利害关系’为由，驳回起诉，剥夺了上诉人的合法诉权，显属错误，应予纠正。请求二审法院在查明事实后，重新裁判，保护上诉人的合法权益。”

这份行政上诉状的理由，能够针对原审法院认定事实“自相矛盾”和否认上诉人（原审原告）诉讼主体资格的错误，采取摆事实、引证司法解释等基本论证方法，并注意分层提出论点反驳，较好地体现了上诉状理由的写作特点。

（二）行政上诉状的格式和实例

1. 公民使用的行政上诉状的格式和实例

格式：

行政上诉状

上诉人：姓名、性别、年龄（出生年月日）、民族、籍贯、职业或工作单位和职务、住址等。

法定代理人：姓名、性别、年龄、民族、籍贯、职业或工作单位和职务、住址、与上诉人关系等。

委托代理人：姓名、性别、年龄、民族、籍贯、职业或工作单位和职务、住址等（是律师的，只写姓名、工作单位和职务）。

被上诉人:行政机关名称、地址等。

上诉人因……(案由)一案,不服×××人民法院某年月日(年度)×字第×号行政判决(或裁定),现提出上诉。

上诉请求

上诉理由

此致

＿＿＿人民法院

附:本上诉状副本＿＿份。

上诉人:＿＿＿

＿＿＿年＿＿月＿＿日

实例:

行政上诉状

上诉人:王×,男,25岁,××地区联防队员。

被上诉人:××地区铁路公安局。

上诉人王×,因妨碍公务受到行政处罚一案,不服××区人民法院于×年×月×日所作出的行×字第××号一审行政判决,提起上诉,请求重新审理。

上诉的请求和理由如下:

×年×月×日晚10时许,某铁路公安局派出所民警刘×身着便服到某火车站办私事。经过站前西广场时,听到一男青年喊:"谁要广州的火车票?"刘即上前查问,他既没有出示民警证件,也没有掌握男青年倒票的证据,在未遇到对方暴力威胁的情况下,连续3次将对方摔倒在地,并用拳头去打对方面部,致对方嘴部流血。这时,上诉人正在站前联防办公室值班,听到叫喊,遂与民警马××

赶到现场。出事地点有很多人围观，秩序很乱，上诉人与民警马××无法判明刘×是不是某铁路公安局车站派出所民警，所以，要求他们双方到联防办公室谈清情况再处理。刘×不愿去，民警马××坚持让刘×去，上诉人在催促刘×去联防办公室的过程中推搡过刘×，其目的是让刘×尽快去联防办公室，且没有造成伤害。后经过核实，刘×是某铁路公安局派出所民警，上诉人等陪刘×去医院挂急诊检查，并送刘×回去。但事过半个月，即×年×月×日，某铁路公安局单方对上诉人进行调查，并于同年×月×日，发出"××铁路公安局传唤证"，对上诉人进行传唤审查。同年×月×日，某铁路公安局某公安分局作出第××号治安管理处罚裁决，以上诉人"妨碍公务"为由，按照《治巡管理处罚条例》第19条、第8条，给予上诉人行政拘留15日处罚，并赔偿经济损失。上诉人不服，向××市××区人民法院提起行政诉讼，××区人民法院维持原裁决，上诉人不服。

上诉人认为：第一，某铁路公安局民警刘×在下班之后，发现有"倒票"嫌疑人，主动对其查问是正当的，但刘×在未遇到暴力反抗的情况下，将对方摔倒在地是错误的，且刘×身着便装，未出示证件，因此，刘×的行为根本不是执行公务，何谈上诉人"妨碍公务"呢？

第二，某站前派出所民警马××带上诉人赶到出事现场维护秩序，属于执行公务。上诉人催促刘×去联防办公室时，因刘×不愿去，上诉人才推搡了他。所以，上诉人主观上没有阻碍民警执行公务的故意，客观上也没有妨碍公务的行为。

综上所述，上诉人认为某铁路公安局所作出的行政处罚决定依据的事实不正确，一审人民法院维持原裁决是错误的，故请求中级人民法院重新审理，撤销原审判决。

此致

××市中级人民法院

附：1. 本状副本×份；
2. 证人×××住址。

上诉人：王×
××××年×月×日

2. 法人或其他组织使用的行政上诉状的格式和实例

格式：

行政上诉状

上诉人名称：

所在地址：

法定代表人(或代表人)：姓名、职务、电话。

委托代理人：姓名、性别、年龄、民族、籍贯、职业或工作单位和职务、住址(是律师的，只写姓名、工作单位和职务)。

企业性质：　　　　　　　　工商登记核准号：

经营范围和方式：

开户银行：　　　　　　　　账号：

被上诉人名称：

所在地址：

法定代表人：姓名、职务、电话。

上诉人因……(案由)一案，不服×××人民法院某年月日(年度)×字第×号行政判决(或裁定)，现提出上诉。

上诉请求

上诉理由

此致

______人民法院

附：本上诉状副本____份。

上诉人：______

______年____月____日

（加盖单位公章）

实例：

行政上诉状

上诉人：××镇××村村民委员会。

住所地：××市××镇××村。

法定代表人：王××。

被上诉人：××市××镇人民政府。

住所地：××市××镇×××路。

法定代表人：李××。

上诉人因与被上诉人行政纠纷一案，不服××省××市人民法院1998年10月×日(1998)×行初字第×号判决，现提出上诉。

上诉请求

1. 判令撤销××省××市人民法院(1998)×行初字第×号行政判决书；

2. 判令撤销××镇政(1997)×××号文件。

上诉理由

一、原审判决认定事实不清，在审理过程中忽视上诉人提供的可能影响本案诉讼结果的证据。

1. ××村村委会、支委会，1995年并没有讨论、制定过××市××企业公司(以下简称"××企业")的转制方案。1995年6月23日会议(以下简称"623会议")主要对××企业的所有者权益进行了划分，除了这种划分本身具有非法的因素之外，没有深入地对××企业的股权或资产的转让进行讨论，更谈不上制定了所谓的“转制方案”。

2. 一审审理过程中，上诉人数次向法院提出1995年7月1日上诉人与××企业的《土地使用协议》和《借款协议书》是虚假的协议。上诉人从未在上面盖过公章。“王××”的签名是伪造的。这两份协议由××企业负责人张××一手炮制，其目的在于配合所谓“转制”，为侵吞集体资产铺路。

3. 原审判决认定1997年12月17日××村党支部书记、××企业总经理张××以××村委会和××企业的名义，向被上诉人提交了申请，要求对××企业进行产权界定的报告。这份报告是在一审审理过程中，张××偷盖公章，肆意伪造的。上诉人根本没有写过，也没有授意他人写过这份报告。

4. 上诉人于1998年4月向一审法院提起行政诉讼，而××企业在1998年6月4日向工商局申请注销。试想一下，上诉人排除各种干扰向法院提起行政诉讼，为什么在不撤诉的情况下，会突然同意注销××企业进行转制？嗣后，上诉人发现××企业负责人再次偷盖××村委会的公章，冒充村委会名义擅自在申请注销注册书上签名盖章。××企业负责人的行为已不是一般的民事、行政责任问题，而已涉及刑事犯罪方面的问题。上诉人一面向××市工商局反映情况，要求撤回核准注销通知书；一面及时向法院提出了异议。但一审法院对此保持了非常冷淡的态度，致使妄图侵吞集体资产的不法分子进一步得逞。

二、原审判决完全规避适用相关的法律、法规或政策文件的精神，没有对××镇政(1997)×××号文件确认的××企业“转制方案”、“产权界定”的合法性及文件本身的合法性提供法律上的证明。

1. 原审判决认为××镇政(1997)×××号文件是对1995年6月23日会议的确认，并无不当。按照这个逻辑，即使1995年6

月23日的会议完全违法，只要是村、支两委会决定并已履行，镇政府没有义务去审查会议内容的合法与否，其下文确认都是合法有效的，这显然是荒谬的！镇政府作为代表国家行使权力的行政机关，下文确认的应该是合乎法律的、受到法律保护的行为，而不该连违法活动，甚至犯罪行为都予以保护！

再来仔细分析“623会议”，上诉人认为这次会议的内容是不合法的，严重背离国家及××省有关企业转制的规定。

(1)×审事(1995)××号资产评估报告是在××企业负责人单方面操纵下制作的，评估结果没有经上诉人确认。该报告一方面将××村集体的厂房、设备作为集体资产参与评估，一方面又排除集体开办该企业时投入的房产，指出参与评估的实收资本全部系个人资本金(实为集资款)，导致评估的前提与结果自相矛盾，与事实不符。

(2)所有者权益中扣除费用的做法，违反财务制度。这种非法扣除使得最后参与重新设置的股权总数减少，无形中造成集体资产流失。

(3)严重违反了《企业法》、省委办(1994)39号文件，以及农业部农企发(1998)7号文件关于不得退股的有关规定，擅自同意退股。

(4)决定在总权益额中扣除有关费用和补缴所得税之后“村集体得40%，股金分配得50%，企业骨干得10%”，这种“设置”实属非法。

此外，即使按照上述方法设置股份，××村集体仍然是××企业的所有权人，控制大部分股份，镇政府怎么能下令要求“××村委摘帽”，难道××企业不再是集体企业了吗？

(5)××企业1992、1993年和1994年村民“转股”导致××企业所谓的股金总额的增加，这不是××企业注册资本金的增加，而是村民投股的本利返还的一种形式，其性质是村民个人集资。

(6)“企业骨干一次性奖励股权10%”含义不明。

(7)虽然在“623会议”上只有王××一个人提出保留意见,但这无法否认“623会议”整体的非法。××村村、支两委会成员当时没有意识到会议内容不合法是客观存在的,现在意识到以后对会议加以否定也是理所当然的。

2.××镇政(1997)×××号文件确认×审事(1995)××号资产评估报告书的结论是非法的。

×审事(1995)××号资产评估报告书本身内容的不合法已在前面谈到。除此之外,退一步讲,即使×审事(1995)××号评估报告内容合法,被上诉人也无权确认评估结论。

3.即使按被上诉人所遵循的×委(1997)40号文件进行办理,那么该文件第二点第5项也指出,国有、集体企业,总资产1000万元以上的镇(乡)、村集体企业改制方案由企业主管部门、镇乡审核后报市经济体制改革委员会负责审批。××企业成立时注册资本是300万元,到1996年底,净资产达1480万元,总资产逾4067多万元。对总资产超过1000万元的村集体企业改制,按理应报××市体改委审批,但××企业的转制根本没有报××市体改委审批,更没有财政和贷款银行参与清产核资和论证改制方案。因此,即使按照×委(1997)40号文件办理,××企业的转制在程序上也是违反×委(1997)40号文件的。况且,××企业被非法注销后,企业的资产没有清理,对企业的债权债务问题,也没有得到妥善的安排和处理。

4.《行政诉讼法》第33条规定:“在诉讼过程中,被告不得自行向原告和证人收集证据。”被上诉人在一审中提供的从农村工作办公室取得的批复意见,不能作为本案的证据,况且该办公室也不是有关行政法规的有权解释单位,其意见没有法律效力。

三、被上诉人无权界定村办集体企业的产权。

我国《村民委员会组织法》第2条和第3条明确规定,村民委员会是村民自我管理、自我教育、自我服务的基层群众性自发组织。村民委员会办理本村公共事务和公益事业。乡、民族乡、镇的人民政府对村民委员会的工作给予指导、支持、帮助。由此可见，村民委员会与镇政府之间是一种指导关系，而非上下级领导关系。

我国的法律和省委办(1994)39号文件没有提到镇政府有权界定村集体企业的产权；×委(1997)40号文件虽然提到镇政府下发村办集体企业产权界定书，但其前提是必须经村委会审核。被上诉人既不是××企业的所有权人，又不是法律规定有权界定集体企业产权的机构，所以被上诉人未经上诉人审核擅自对××企业的产权进行界定，是严重违法的具体行政行为。被上诉人的文件为少数不法分子图谋侵吞集体资产提供了条件，客观上造成了巨额集体财产的流失。

上诉人认为，原审法院根本没有适用有关法律、法规对××企业是否在实体上、程序上完成了转制作出合法性的判断，也没有适用有关的法律、法规对被上诉人的具体行政行为是否合法作出判断。原审法院的判决直接损害到××村广大村民的集体利益。

为了维护上诉人的合法权益，上诉人特此上诉到贵院。请求贵院查清真相，明辨是非，依法判令撤销原判，同时判令撤销××镇政(1997)×××号文件。

此致

××市中级人民法院

附：本状副本1份。

上诉人：××镇××村村民委员会

法定代表人：王××

19××年××月××日

（公章）

四、怎样写行政再审申请书

行政再审申请书是行政案件当事人对已经生效的裁判或行政赔偿调解不服，在裁判、调解发生法律效力后两年内提请人民法院重新予以审理纠正的书状。最高人民法院《关于执行〈中华人民共和国行政诉讼法〉若干问题的解释》（法释〔2000〕8号）第73条规定："当事人申请再审，应当在判决、裁定发生法律效力后两年内提出。当事人对已经发生法律效力的行政赔偿调解书提出证据证明调解违反自愿原则或者调解协议的内容违反法律规定的，可以在两年内申请再审。"这是行政再审申请书的主要依据。

（一）行政再审申请书的特点和要求

行政再审申请书与民事再审申请书的写作相似。写作行政再审申请书必须符合下列条件：

（1）对已经生效的裁判或者行政赔偿调解不服，认为"违反法律、法规规定"，具体如"原裁判认定的事实主要证据不足、适用法律、法规确有错误"；

（2）必须在裁判、调解生效后两年之内提出再审申请，否则须按"申诉"提出。

（3）申请再审的理由，应针对原审裁判、调解文书的错误，举出新的证据、新的法律依据进行驳辩，从而说明请求再审的合法性和必要性；

（4）论证理由的层次，一般需要首先概述行政纠纷情况，然后说明原审裁判所依据的错误理由及导致的错误裁判结果，最后根据事实、证据和有关法律进行针锋相对的驳辩。

例如，一起不服行政处罚决定案的再审申请书：

申请人（原审原告、终审上诉人）自1993年以来，一直经营饲料添加剂。1998年8月13日被申请人国税分局向申请人下达了应纳税款核定书，核定申请人应交纳1993年1～7月的增值税款6000元，接着又于9月2日及9月9日先后向申请人下达了《行政处罚事项告知书》和《税务处理决定书》。申请人依据财政部、国家税务总局(1998)第78号《关于对若干农业生产资料免征增值税问题的通知》，认为饲料属于免征税货物，被告征收增值税违反法律规定，遂于9月10日向×××人民法院提起诉讼，请求判决撤销被申请人(原审被告)作出的错误税务处理决定。不料，一审以我未经税务行政复议为由，裁定不予受理。申请人不服，提起上诉，二审作出“维持原裁定”的裁定。

申请人认为，二审“不予受理”的裁定是错误的：①申请人经营的货物属于国家免征货物，应依法享有1998年1月1日至2000年12月31日继续免征增值税待遇；被申请人向申请人征收饲料增值税的行为是非法的；②申请人提起诉讼符合我国《行政诉讼法》第11条第7项规定：人民法院应当受理公民、法人和其他组织“认为行政机关违法要求履行义务”的诉讼；③依据《征管法》第56条第1款规定，只有纳税人、扣缴义务人、纳税担保人才适用先行复议(复议前置)的规定，而申请人不属于三种人之一，因此，有权直接向人民法院起诉。请原二审法院撤销错误裁定，重新受理，撤销被申请人错误的税务处理决定，保护申请人的合法权益。

以上申请再审的理由，除了论述层次清晰之外，主要优点是依法反驳，理由充足。共提出三点反驳理由，其中又突出第一点，即申请人经营的“饲料添加剂”属于国家免征增值税的货物。因此，具有较强的“证明力”和论辩性。

(二)行政再审申请书的格式和实例

格式：

行政再审申请书

申请人：姓名、性别、年龄（出生年月日）、民族、籍贯、职业或工作单位和职务、住所或常住地（法人或其他组织、个体工商户等，分别写明其名称、字号、地址、法定代表人或代表人、主要负责人或业主姓名、职务、电话等身份事项）。

法定代理人：姓名、性别、年龄、民族、籍贯、职业或工作单位和职务、住所或常住地、与申请人的关系。

委托代理人：姓名、性别、年龄、民族、籍贯、职业或工作单位和职务、住所或常住地（是律师的，只写姓名、工作单位和职务）。

申请人对×××人民法院×年×月×日（年度）×字第×号判决（或裁定）不服，申请再审。

请求事项

事实与理由

此致

______人民法院

附：1. 原审裁判文书（或调解书）抄件1份；

2. 证据名称、件数。

申请人：______

______年______月______日

（法人或其他组织加盖公章）

实例：

行政再审申请书

申请人(被执行人):××省××县××镇汽车队。

法定代表人:朱××,队长。

被申请人:××省×××地区中级人民法院,院长刘××。

申请人因不服×××地区中级人民法院(以下简称中院)(×年)×中行裁字第×号行政裁定书而提出申诉。

请求事项

1. 依法撤销(×年)×中行裁字第×号行政裁定书。

2. 依法责令××× 区中级人民法院执行回转,恢复申请人的土地使用权。

3. 诉讼费用和执行回转费用由被申请人承担。

事实和理由

一、申请人持有"国有土地使用证",受让和使用土地合法

1994年,我队申请筹建预制厂,9月12日××省××县计划委员会×计字(1994)×号文件批复(见证据1)。之后,我队与××镇××村委会三组、九组分别签订土地使用权出让协议,缴纳土地出让金。1994年10月,我队持×计字(1994)×号文件和土地出让协议向××省××县土地管理局申请办理土地使用权证;××省××县土地管理局拟订批准后,11月1日派员测绘定桩(见证据2-1,2-2),并令我队补缴欠××三组的土地出让金(见证据3-1,3-2)。1995年9月,我队持前述文件及收费票据向县土地管理局申领土地使用权证,县土地管理局以×计字(1994)×号文件已逾一年为由,让我队申请重新批复。1995年9月16日×计字(1995)×号文件重新批复(见证据4),同年10月3日××省××县土地管理局向我队颁发了带有"××省人民政府土地专用章"的"×国用(1995)字第×××××××号国有土地使用证"(见证据5),并令我向县城建局申请补办用地规划许可证。1995年11月1日,××省××县城建局依据我队提供的文件,为我队颁发了"×××号中

华人民共和国建设用地规划许可证”(见证据 6)。

在申请人办理土地使用权转移手续时,××县的土地管理局局长齐××以迅速合法办完相关手续为条件向申请人暗中索要6间临路门面房用地。申请人出于无奈而默许。事后,朱××感到集体土地使用权转给齐个人所有显属违法,未将“默许”兑现,齐××几度表示不满。

二、被申请人对申请人强制执行严重违法

1996 年 2 月 13 日,被申请人向申请人送达了即时制作的×××地区中级人民法院(1996)×行执字第×号、×号两份执行通知书(见证据 7、8)和(1996)×中法行执字第×号裁定书(见证据9)。申请人当即申明:①申请人受让该宗土地持有县土地管理局颁发的国有土地使用证,土地使用证已抵押贷款,存于抵押权人××镇信用处,中院应予查明。②×××地区土地管理局未曾送达过两份执行通知书载明的行政处罚决定书,申请人从未知晓土地管理局有此处罚行为,中院应予查明行政处罚决定书有无送达回证。申请人要求中院来的人将上述两条申明制成执行笔录入卷备查,中院来人不予理睬,扬长而去。

2 月 13 日中院来人拂袖而去后,申请人窃以为自己的申明会引起中院的重视,故一直正常生产。不料,1997 年 6 月 4 日中院在我预制厂旁张贴×行公字第×号公告(见证据 10)。公告责令申请人“在 1997 年 6 月 6 日前自动拆除在非法占用土地上的建筑物及设施,到期仍不履行,依法强制执行”。公告只给申请人一天的履行期限,其用心在于“强制执行”。申请人向中院申明理由无济于事,只有向地区人大、地委提出申诉。1997 年 6 月 7 日,当中院组织的强制执行大军、借用的定向爆破工兵、新闻单位的记者进驻××地时,地区人大工委负责人感到人大权力有限,无力回天,让申请人求救于地委。由于地委的干预,中院、××人大、县委和县政府于 6 月 7 日夜召开协调会。6 月 8 日凌晨,黎明前的黑暗刚刚退去,中院组织的执行大军便慌忙撤退。

6月8日强制执行告缓，我们又踏上了漫长的申请之路。接受申请的××省高级人民法院函告中院“认真审查”(见证据11)，××省政府土地清查办和省土地管理局函告×××土地管理局写出报告并携卷汇报。然而，被申请人和地区土地管理局一意孤行，1998年1月6日，被申请人作出(1998)×中行裁字第×号行政裁定书(见证据12)，将申请人之土地及其上的建筑物变卖给××县预算外资金管理局。

申请人认为：被申请人的一系列强制执行行为无不违法。

1. 被申请人强制执行本案，违反《民事诉讼法》第207条之规定。

2. 被申请人受理该行政机关诉请执行案，不审查行政执法程序是否合适、实体法适用是否正确和处罚决定是否送达，违反审查立案的法律规定。

3. 被申请人对本案独任审理，违反我国二审法院不适用简易程序的规定；被申请人对本案的裁定均由执行员一名署名，违反我国中级法院裁定应由合议庭成员签名的规定。

4. 被申请人1996年2月13日签发即时送达的(1996)×行执字第×号、第×号执行通知书和(1996)×中法行执字第×号裁定书，依照《民事诉讼法》第75条的规定应视为2月14日送达。被申请人让申请人在通知书和裁定书送达之前履行“通知书”指明的履行义务，显属违法。换言之，“两通知书和一裁定书”不符合法律规定要件，属无效之文书。被申请人1997年6月4日发布公告，1998年1月6日又作出(1998)×中行裁字第×号裁定书，均让申请人履行或强制执行，严重违法。

5. 被申请人的各种执行文书中指明的执行标的和执行费用总计239 310元，而(1998)×中行裁字第×号行政裁定书将申请人价值1000余万元的财产变卖，纯属对申请人财产权的恶意侵犯。

综上所述，被申请人不审查执行申请所依据的“行政处罚决定书"中所指的事实是否清楚，程序是否规范，是否合法有效，不审查"行政处罚决定书"是否送达，不理睬申请人言之合法有据的异议，超越法定管辖权立案执行本案，制作无效之文书，让申请人"履行义务"，强行变卖申请人之财产，严重违法。申请人决然不服，特提起申请。望权力机关、审判监督机关和上级审判机关依法受理，撤销被申请人的执行行为，维护申请人的合法权益。

此致

最高人民法院

附：书面证据××份。

申请人：××省××县××镇汽车队

法定代表人：朱××

2000年×月×日

五、怎样写行政申诉书

行政申诉书是行政案件的当事人、法定代理人，认为人民法院已经发生法律效力且执行超过两年的裁判或赔偿调解确有错误，依法请求人民法院予以审查纠正的书状。我国《行政诉讼法》第62条规定："当事人对已经发生法律效力的判决、裁定，认为确有错误的，可以向原审人民法院或者上一级人民法院提出申诉，但判决、裁定不停止执行。"这是行政申诉书的主要法律依据。行政申诉书属于"信访文书"。提起行政申诉与提起行政再审申请，二者提起的条件和写作目的基本相同，只是行政申诉没有严格的时限、审级、提交的部门等规定，诉讼效果一般不如再审申请。

行政申诉案件，多属于疑难案件。行政申诉书对于监督人民法院公正办案和督促行政机关依法行政以及保护当事人合法权益具有重要作用。

(一)行政申诉书的写作方法和要求

行政申诉书的写作方法和要求,与行政再审申请书以及民事申诉书相似。

1. 说明提起申诉的缘由。包括说明申诉人因什么案由、对人民法院生效的什么文号的裁判、调解不服,因此提出申诉。

2. 写明请求事项。应当根据人民法院生效法律文书的实际错误,提出具体的请求内容。一般写法是,先请求法院撤销生效的错误裁判或调解,然后请求撤销被申诉人(行政机关)的错误决定,最后提出请求维护申诉人的具体合法权益。

3. 事实与理由必须有新内容。行政申诉书不可完全重复行政上诉状、再审申请书的内容,必须举出新的证据材料或者新的法律依据,并从不同角度分析生效法律文书的理由是错误的、不能成立的,而且必须善于抓住要害。总之,理由更需要有新颖性、针对性和反驳性。从公民、法人或其他组织申诉的角度来说,行政申诉书一般要涉及被申请人的具体行政行为和人民法院的裁判、调解两个方面的错误,应当按一定层次进行论述和驳辩。例如,一起医疗事故纠纷的行政申诉书,有一定代表性,大体案情是:患者王某 20 年前因头晕、呕吐到某中医学院第一附属医院就诊,经过 19 次针灸治疗,精神出现异常。其间,王某的亲属先后向市医疗事故鉴定委员会、市卫生局提出医疗事故鉴定申请,但均被否认为医疗事故。王某亲属对鉴定结论和处理决定不服,于 1998 年将市卫生局、市医疗事故鉴定委员会和某中医学院第一附属医院一并告上法庭。王某亲属一审、二审接连败诉,不服判决,遂于 2001 年 5 月以法定代理人身份向市高级人民法院提出申诉:

申诉人王××因医疗事故精神异常,辍学至今,造成严重后果。但一审、二审均认定“不属医疗事故”,均是违背客观事实的。本案的医疗事故鉴定，是在市中医学院第一附属医院未提供原始病历的情况下，按经治医生张××数年后对王××诊治的回忆作出的。这不仅缺乏真实性和客观性，而且违反了辖区管理的原则。因此，市卫生局依据上述错误鉴定作出的《关于王××医疗问题行政处理意见》和原判"维持被申诉人的处理决定"，均属错误。故诉请你院依法撤销原审生效判决和市卫生局的处理决定，判令按医疗事故进行处理。

这段关于医疗事故的申诉理由，能够抓住医疗事故鉴定"不是按原始病历做出的"这一要害问题，并以此为前提，顺理成章批驳了市卫生局错误的处理决定，以及原审法院的错误判决，是有较强的说服力的。

(二)行政申诉书的格式和实例

格式：

行政申诉书

申诉人：姓名、性别、年龄(出生年月日)、民族、籍贯、文化程度、职业或者工作单位和职务、住址等(法人或其他组织，依次写明申诉人名称、所在地址、法定代表人或代表人姓名、职务、电话)。

法定代理人：姓名、性别、年龄、民族、籍贯、文化程度、职业或者工作单位和职务、住址、与申诉人关系等。

委托代理人：姓名、性别、年龄、民族、籍贯、文化程度、职业或者工作单位和职务、住址等(是律师的，只写姓名、工作单位和职务)。

申诉人对×××人民法院×年×月×日(年度)×字第×号行政判决(或裁定、调解)不服(或"对×××行政机关××号决定不服")现提出申诉。

请求事项

事实与理由

此致

_______人民法院(或人民检察院)

附:1. 原审判决书(或裁定书、调解书)抄件1份;

2. 证据名称、件数。

申诉人:______

______年____月____日

(法人或其他组织加盖公章)

实例(1):

行政申诉书

申诉人:张××,男,50岁,汉族,××省××市退休教师,住××市××办事处×××村。

被申诉人:××市房地产管理局。

申诉人对××市房地产管理局拒不执行××市中院2000年×月×日(2000)×行终字第×号判决提出申诉。

请求事项

1. 裁定××市房地产管理局无条件履行(2000)×行终字第×号判决;

2. 裁定被申诉人××市房地产管理局限期对申诉人作出拆迁损失赔偿。

事实与理由

1988年,经××省××市××办事处×××村委会同意,我们申请地基一块,以儿子张×之名建门市部10间,建筑面积230.67平方米。1990年取得该房屋所有权证。1993年8月25日,

××区办事处×××村领导小组以要建特区村为由，突然通知我们：15日内将房拆除，逾期不拆，强行拆除，并处罚款。在此之前，我们没有听到任何宣传动静，又无公告，却突然通知我们拆除门脸房屋，我们真是叫苦连天。我们用书面和口头形式天天找×××村和办事处有关领导，要求补偿与安置，均无结果。在以“党籍、公职、罚款、拘留、推土机”等各种高压手段威逼下，强迫我们于9月28日前，自行将10间房屋拆掉了。拆迁前后我们又天天找拆迁人(×××村委会)和市房地产管理局交涉安置补偿问题，均没得到妥善答复。

《国务院城市房屋拆迁管理条例》及《××省城市房屋拆迁管理实施办法》规定：“拆迁人与被拆迁人经协商不能达到补偿和安置协议的，批准拆迁的房屋拆迁主管部门应进行调解，经调解仍达不到协议的，予以裁决……”由于市房地产管理局不按上述法律程序办事，对我们与×××村的补偿安置纠纷不予裁决，无奈之下，我们依照法律规定，以市房地产管理局不作为的错误行为，向××市法院提起行政诉讼，经过5次判决，我们总是因没有主管部门的“裁决”而以程序败诉告终。截至2000年3月，我们又上诉于××省××市中级法院，经开庭审理，××市中院于2000年6月15日作出终审判决，由××市房地产管理局对张××、张×关于申请补偿的请求作出明确答复……接到这公正的判决，我们全家无比欣慰。可是××市房地产管理局仍拒不下裁决。为此，我们又找到了××市及××市政法委、市人大等部门，有关领导又下达了关于解决此案的批示，可××市房地产管理局竟以“张××、张×是自行拆除房屋并在拆迁期间从未提出裁决申请，时至今日已远远超出我局管辖权限”等为由，明确答复“无法裁决”。

我们认为，拆迁补偿，天经地义，也于法有据，我们为政府分忧，自行拆除私房，本应得到政府的鼓励，但时至今日，已经过去整整8年，由于市房地产管理局始终顶着不下裁决，使我们因缺少一道程序而得不到应有补偿。我们急切呼吁有关领导督促××市房地产管理局依法尽快对此纠纷进行裁决，或拿出妥善处理办法，依法还老百姓一个公道！

此致

××省高级人民法院

××省人民检察院

附：1. ××市中院终审判决书复印件1份。

2. 被申诉人函件1份。

申诉人：张××

2002年8月24日

实例(2)：

行政申诉书

申诉人：××省良种研究所。

所在地址：××市××区××街××号。

法定代表人：周××，所长。

委托代理人：丁××，××省经济律师事务所律师。

申诉人对××市中级人民法院19××年×月×日〔19××〕×法行字第76号裁定不服，提出申诉。

请求事项

请撤销贵院〔19××〕×法行字第76号裁定，并撤销××市工商行政管理局19××年×工商复字第×号复议裁决，纠正定性错误，追还对我所4万元的罚款。

事实与理由

在出售假萝卜籽一案中，申诉人属于上当受骗者，其行为不属"投机倒把"，事实与理由如下：

1. 把申诉人出售假萝卜种籽一事定为投机倒把行为是不适当的。根据1987年9月17日国务院发布的《投机倒把行政处罚暂行条例》第3条规定，投机倒把行为的前提是“以牟取非法利润为目的”，而申诉人推广蔬菜种籽和先进栽培技术，目的在于加速科技成果转化，深化农业科技改革，进行科技服务，促进全省蔬菜生产，满足消费者对蔬菜的需求；况且从申诉人经销萝卜种籽所得毛利率也可以看出，大大低于政策规定的25%，而仅达8%左右。同时，从申诉人在萝卜开花后所持的态度和采取的措施来看，也不是“投机倒把”者所能够做到的，申诉人对生产、对群众是负责任的。

2. 不法之徒为了倒卖种籽，牟取利润，利用申诉人的经办人员思想麻痹、工作不负责任，使申诉人上当受骗，进而坑害了农民。申诉人认为，真正搞投机倒把的是××县××乡供销社，是他们把油菜籽冒充萝卜籽出售，而××县农民周××、李××、王××又将冒充的假萝卜籽以“国光萝卜籽”卖给申诉人的技术咨询组，咨询组同志信以为真，又卖给农户，以解决用户之急，好心办了坏事。

3. 申诉人错误性质属于“重大误解”，而不是“投机倒把”。根据最高人民法院关于贯彻执行《中华人民共和国民法通则若干问题的意见》第28条的规定：“一方当事人故意告知对方虚假情况，或者故意隐瞒真实情况，诱使对方产生错误认识而作出不利于自己的意思表示的，可认定为欺诈行为。”申诉人是被周××、李××、王××故意隐瞒真实情况，而将假萝卜籽误以“国光萝卜籽”出售给他人的，可见，周、李、王等人的行为是典型的欺诈行为。同时，最高人民法院同一文件第70条明确指出：“行为人因对行为性质，标的物的品种、质量、规格和数量，以及民事法律关系主体的错误认识，使行为的后果与行为人的意思相悖，并造成较大损失的，可认定为重大误解。”很明显，申诉人因对行为的性质和标的物的质量发生了错误认识，从而导致行为的后果与其意思完全相反，因此，对这种行为应以“重大误解”对待。

综上所述，申诉人恳请贵院在进一步调查的基础上撤销第76

号裁定，重新公正判决。

此致

××市中级人民法院

附：一、二审裁决、判决抄件2份。

申诉人：××省良种研究所

法定代表人：周××

19××年11月17日

六、怎样写行政答辩状

行政答辩状是行政案件的被告、被上诉人、被申请人、被申诉人及其法定代理人等针对行政起诉状、行政上诉状、行政再审申请书以及行政申诉书的内容进行回答、驳辩的书状。行政答辩状最常用的有一审答辩状和二审答辩状两种。一审答辩人必然是被告行政机关；二审答辩人可能是一审原告，也可能是一审被告。下面侧重谈谈原告作为二审"被上诉人"时，怎样写答辩状。

(一)行政答辩状的写作要求

1. 应当遵守答辩时限。根据最高人民法院《关于贯彻执行〈中华人民共和国行政诉讼法〉若干问题的意见(试行)》第74条第1款规定："原审人民法院收到上诉状，应当在5日内将上诉状副本送达对方当事人。对方当事人收到上诉状副本，应当在10日内提出答辩状。当事人不提出答辩状的，不影响人民法院审理。"

2. 应注意突出针对性和驳辩性。二审答辩状应针对上诉状的错误"上诉理由"进行回答或者反驳，并须对一审裁判是否公正、合法表明态度。答辩理由，应抓住与上诉人之间的主要争执点，举出确凿的证据,依据相关的法律(含最高人民法院所做的司法解释)、法规、政策以及规章制度等,辨明是非。如果认为"上诉理由"不能成立,一审判决是正确的,应当在具体反驳上诉状无理的同时,充分肯定一审判决。如果认为上诉理由错误较多,可以分别提出反驳论点,依次进行驳辩。如果认为上诉理由有对有错,可以实事求是地既肯定又反驳。答辩状的语言应注意准确、鲜明、扼要。例如一起二审行政答辩状,案由是宅基地征用纠纷,被上诉人(一审原告)针对上诉人行政机关(某市政府)的上诉理由自相矛盾和一审判决有失公正提出如下答辩:

被答辩人(二审上诉人)××市政府在上诉状中,称其将土地使用权确权给第三人"程序合法",事实是,被答辩人通过事先造假而后把非法行为"合法化"的!这一违反法定程序的非法行为,有下面事实可证:

1. 超前办证。被答辩人于1997年2月核发《×国有(1997)×字第×××××号国有土地使用证》,将土地使用权给第三人××有限公司。可是××市工商行政管理局工商档案显示,第三人成立于1999年1月1日;也就是说,在一个企业成立前两年就办好了土地登记手续,且其印章齐全,并和现有印章完全一致!姑且不谈被答辩人与第三人之间究竟有什么深层的关系,事实说明被答辩人有意造假已久无疑!

2. 越权征地。被答辩人核发给第三人的国有土地使用证规定的征用土地范围并不含我的宅基地,也从未向我发出"征用通知"。依据我国《土地管理法》第48条规定:"征地补偿安置方案确定后,有关地方人民政府应当公告,并听取被征地的农村集体经济组织和农民的意见。"但是被答辩人在未通知我和听取我的意见的情况下,竟将我的宅基地划给第三人,显属非法行为。另外,被答辩人征用土地面积6.56亩耕地,也属违法越权行为。依据1988年修改后的《中华人民共和国土地法》第25条第2款规定:"征用耕地3亩以下、其他土地10亩以下的由县级人民政府批准。”又根据我国《土地管理法》第78条规定：“超越批准权限非法批准占用土地的，不按照土地利用总体规划确定的用途批准用地的，或者违反法律规定的程序批准占用、征用土地的，其批准文件无效。”据此，被答辩人征用3亩以上耕地，显属违法超权审批。是无效的。

综上所述，被答辩人称其“程序合法”，是不实之词。请求二审法院驳回被答辩人的上诉请求，撤销其违法核发的《×国有(1997)×字第×××××号国有土地征用证》。

上述答辩理由针对“上诉理由”的“程序合法”一说，举出事实，引述有关法律，依次提出“超前办证”和“越权征地”两个反驳论点，对被答辩人的不实之词进行了有说服力的驳辩。该答辩状的语言也比较简练，如“被答辩人通过事先造假而后把非法行为‘合法化’、“超前办证”、“越权征地”等，都富有概括性、鲜明性，令人有“一针见血”的感觉。

(二)行政答辩状的格式和实例

格式：

行政答辩状

答辩人(被告、被上诉人等)：姓名、性别、年龄(出生年月日)、民族、籍贯、文化程度、职业或者工作单位和职务、住址等(法人或其他组织，应依次写明名称、所在地址、法定代表人或代表人、主要负责人的姓名、职务、电话等)。

法定代理人：姓名、性别、年龄、民族、籍贯、文化程度、职业或者工作单位和职务、住址、与答辩人关系等。

委托代理人：姓名、性别、年龄、民族、籍贯、工作单位和职务、住所或常住地(是律师的，只写姓名、工作单位和职务)。

答辩人因……(案由)一案，对原告(或上诉人、申请人、申诉人)×××(姓名或名称)提出答辩如下：

此致

______人民法院

附:1. 本答辩状副本____份;

2. 证据名称、件数。

答辩人:______

______年____月____日

(法人或其他组织加盖公章)

实例:

行政答辩状

答辩人:郑××,男,38岁,汉族,××市×××集团有限公司职工,住××市××街×号。

被答辩人(上诉人):××市工商管理局。

答辩人因"不作为"一案,对上诉人的上诉理由提出如下答辩:

上诉人称:"接答辩人的举报信后,及时进行了调查,涉嫌贪污罪的某公司经理已移送公安机关,上诉人尽到了自己的职责。被上诉人(答辩人)以'不作为'起诉,显然属于错告。原审法院虽然对上诉人的积极行政行为予以肯定,但认为上诉人未能及时通知举报人原告(被上诉人),应当表示歉意。上诉人认为这一判决与案由无关。"

答辩人认为,被答辩人的上诉理由,明显不当:(1)"错告"的说法是错误的。最高人民法院相关规定明确指出:"公民、法人或其他组织申请行政机关履行法定职责,行政机关在接受申请之日起60日内不履行的,公民、法人或者其他组织向人民法院提起诉讼,人民法院应当依法受理。"答辩人由于举报90多天之后未听得被答辩人的答复,在不知情的情况下依法起诉,何"错"之有?(2)说法院判令被答辩人"表示歉意"是"与案由无关",这一说法也是错误的。按有关法律规定,政府机关有义务尊重当事人的"知情权"(并非要求了解侦查"机密",而是要求回答一句是否看过"举报信"或是否准备"调查"),但是由于被答辩人未履行义务,致起诉讼。这实质反映了被答辩人对老百姓缺乏平等意识,更没有从工作角度考虑,一旦冷淡了群众,将会带来什么后果。总之,答辩人认为原审判决并无不当,被答辩人应当转变工作作风,少一些"官"气,多一些"民"气!

此致

××市第一中级人民法院

附:本状副本1份。

答辩人:郑××

200×年×月×日

打官司与诉讼申请书

打官司除了主要使用诉状以外，往往还需要使用诉讼申请书。诉讼申请书是公民、法人和其他组织为了配合诉讼活动，实现或放弃诉讼请求等向人民法院、人民检察院、公安机关提交的书状。

一、诉讼申请书的特点和写作要求

1. 类型多样。诉讼申请书贯穿诉讼活动的全过程，涉及民事、刑事、行政三大不同性质的诉讼，类型很多。常用的诉讼申请书有：申请执行书、执行异议书、证据保全申请书、行政复议申请书、取保候审申请书、国家赔偿申请书、撤诉申请书等。

2. 目的单一。诉讼申请书各有具体的写作目的和用途，连标题的含意都有很强的直观性。

3. 内容法定。诉讼申请书出现在不同的诉讼阶段，都是为实现法律规定的要求而发挥相应的功能。

4. 语言需要简洁扼要。诉讼申请书一般说都有不同程度的紧迫性，而且写作主旨很具体明确，因此，需要用最简练的语言来表达，做到意尽文止。

下面介绍几种最常用的诉讼申请书。

二、申请执行书

申请执行书又名“强制执行申请书”，是指民事案件和行政案件享有权利的一方当事人，在对方当事人无故拒不履行生效裁判、调解（含具有债权内容的经公证机关赋予强制执行效力的人民调解协议）、仲裁裁决、公证债权文书以及支付令时，依法请求人民法院对其采取强制执行措施的法律文书。

（一）申请执行书的法律依据和作用

我国《民事诉讼法》第216条规定："发生法律效力的民事判决、裁定，当事人必须履行。一方拒绝履行的，对方当事人可以向人民法院申请执行，也可以由审判员移送执行员执行。调解书和其他应当由人民法院执行的法律文书，当事人必须履行。一方拒绝履行的，对方当事人可以向人民法院申请执行。"我国《行政诉讼法》第65条规定："当事人必须履行人民法院发生法律效力的判决、裁定"，并规定对拒不履行的当事人，可以根据对方的申请，对另一方采取强制执行；其中行政机关"拒不履行判决、裁定，情节严重构成犯罪的，依法追究主管人员和直接责任人员的刑事责任"。此外，我国《刑法》第313条规定："对人民法院的判决、裁定有能力执行而拒不执行、情节严重的，处3年以下有期徒刑、拘役或者罚金。"

民事裁判和行政裁判"执行难"是困扰当事人和人民法院的"顽症"。为了改变这种现实状况，2002年8月29日第九届全国人大常务委员会第29次会议通过了《全国人大常委会关于刑法第313条的解释》，其中突出两点解释：

第一点，关于生效的"裁定"，是指"人民法院为依法执行支付令、生效的调解书、仲裁裁决、公证债权文书等所作的裁定"；

第二点，关于"情节严重"的含义，包括五项"致使判决、裁定无法执行"的情形：

（1）被执行人隐藏、转移、故意毁损财产或者无偿转让财产，以明显不合理的低价转让财产的；

（2）担保人或者被执行人隐藏、转移、故意毁损或者转让已向人民法院提供担保的财产的；

（3）协助执行义务人接到人民法院协助执行通知书后，拒不协助执行的；

(4)被执行人、担保人、协助执行义务人与国家机关工作人员通谋，利用国家机关工作人员的职权妨害执行的；

(5)其他有能力执行而拒不执行，情节严重的情形。

该《解释》还规定："国家机关工作人员有上述第4项行为的，以拒不执行判决、裁定罪的共犯追究刑事责任。"上面规定说明：凡是有能力执行而"拒不执行"法院生效判决、裁定的，将以"拒不执行判决、裁定罪"受到严惩！但是，法院采取强制执行措施或者追究拒不执行的当事人(涉及被执行人、担保人、协助执行义务人以及国家机关工作人员)的刑事责任，是以另一方当事人(债权人)向人民法院提交申请执行书为前提的。换句话说，如果另一方当事人没有向人民法院提交申请执行书，人民法院就不会直接采取强制执行措施。

(二)申请执行书提交的条件

1. 遵守强制执行的时效。向法院提交申请执行书，必须符合法定的有效期限(时效)。

(1)申请民事执行的，在裁判、调解生效后，当事人双方或一方是公民的，时效为一年；当事人双方是法人或其他组织的，时效为6个月。

(2)申请行政案执行的，当行政裁判、调解生效后，公民申请的期限为一年；行政机关、法人和其他组织申请执行的期限为6个月，都是从履行期最后一日起计算。超过期限，法院将不予支持。例如，某水泥厂于2000年3月向某建筑公司出售水泥500吨，价值90万元。某建筑公司一直拖欠货款，同年7月初，水泥厂将其告到法院。法院判令被告某建筑公司于当年7月30日前偿还原告欠款及利息，但被告未及时履行偿还义务。某水泥厂于2001年2月向法院申请强制执行，法院以其"逾期申请"裁定不予受理。水泥厂的巨额货款白白地损失掉了。

2. 应提供被申请执行人有可执行的证据。法院采取强制执行措施的前提之一，是被申请执行人有可执行的财产。最高人民法院《关于人民法院执行工作若干问题的规定》第 28 条规定："申请执行人应当向人民法院提供其所了解的被执行人的财产状况或线索。"根据规定，申请执行人负有提供被申请执行人有可执行能力的义务，如，需要向法院提供下列证据：被申请执行人在金融机构的存款、有关个人收入、到期债权和各种收益以及车辆、房产、股票、高档用具等财产状况。

3. 应当向有管辖权的人民法院提交申请书。我国《民事诉讼法》第 207 条规定："发生法律效力的民事判决、裁定，以及刑事判决、裁定中的财产部分，由第一审人民法院执行。法律规定由人民法院执行的其他法律文书，由被执行人住所地或者被执行的财产所在地人民法院执行。"我国《行政诉讼法》第 65、66 条也作了类似的规定。

（三）申请执行书的基本写法和要求

申请执行书主要应当把事实与理由写好，其内容应依次简要叙述案件双方当事人的争执点和人民法院的生效裁判、调解结果以及被申请人如何"抗法不遵"，无理拒不履行义务行为或借口，并说明被申请人有能力履行义务却狡赖藐法真相。例如一起债务纠纷案的申请执行书是这样写的：

被申请人张××3 年前因盖房向我借 2 万元，逾期不还，去年经县人民法院〔2001〕×民初判第 2 号判决，张××应于 2001 年 3 月 25 日前还清借款，张××未上诉。至今已过去一年有余，张仍无还款之意。现在我因母亲害病住院，急需用钱，我找张要他履行判决，张出口不逊："现在没钱。就是把我拉出去枪毙了也是没钱！有本事你告到联合国去！"实际上他并非没钱。前年他新盖小楼一座出租，今年又要另盖一排 3 间砖瓦房，料已备齐，并开始破土动工。既然'没钱'，为什么会盖新房？他有的是钱，他办猪场、鱼塘，每年都有几万元的经济收入。事实说明张××根本无意履行法院判决。

照这样下去，我的合法权益何时才能够得到保护？

其事实与理由写得很实在，很近情理，突出说明被申请人张××是以“没钱”为借口，不把法院判决放在眼里，成心要赖账不还。

申请执行书还需要写明请求目的。应当在事实与理由之下，写明请求法院强制执行逾期未予履行的裁判、调解结果以及采取的具体措施。如：“请求你院依法通知被申请人立即履行判决，归还申请人 2 万元借款；否则，请裁定强制执行，并宣告将被申请人的小楼拍卖。”

（四）申请执行书的格式和实例

格式：

申请执行书

申请人：姓名、性别、年龄（出生年月日）、民族、职业或工作单位和职务、住所或经常居住地（法人或其他组织，写明其名称或字号、地址；个体工商户，写明业主姓名、性别、年龄、民族、住所）。

法定代理人或指定代理人：姓名、性别、职业或工作单位和职务、住所、与申请人关系（法人或其他组织写明法定代表人或主要负责人姓名、职务、电话）。

委托代理人：姓名、性别、年龄、民族、职业或工作单位和职务、住所（是律师的，只写姓名、工作单位和职务）。

被申请人：姓名、性别、年龄、民族、职业或工作单位和职务、住所或常住地（法人或其他组织，写明其名称或字号、地址；个体工商户，写明业主姓名、性别、年龄、民族、住所）。

上列当事人之间因……（案由）一案，业经×××人民法院于×年×月×日作出（年度）×字第×号一（或“终”）审民事（或行政）判决〔或写：×××仲裁委员会（或×××公证机关）于×年×月×日作出（年度）×字第×号裁决（公证）〕。被申请人拒不遵照判决（或裁决、公证）履行。为此，特申请你院予以强制执行。现将事实、理由和具体请求目的分述如下〔如果是经公证处发给强制执行证书的，其写法是：上列当事人之间因……(事由)事项，经×××公证处于×年×月×日发给(年度)×字第×号强制执行证书，据此申请你院予以强制执行。现将事实、理由和具体请求目的分述如下〕：

事实和理由

请求目的

此致

______人民法院

附：1. 书证：(名称和件数)；
2. 物证：(名称和件数)；
3. 证人：(姓名和住址)；
4. ×××仲裁委员会裁决书复印件；
5. ×××公证处强制执行证书复印件；
6. ×××人民法院生效裁判文书原件(或复印件)。

申请人：______

____年____月____日

(法人或其他组织加盖公章)

实例(1)：

申请执行书

申请人：张××，男，40岁，汉族，××省××市人，个体工商户,住××街××号。

被申请人:××市糖酒公司。

被申请人:××市建筑工程队×队。

上列当事人之间因损害赔偿一案,早经××市人民法院于1996年11月10日作出(1996)×民初字第×号民事判决,当时二被申请人均未上诉。判决书判令二被告人在当年当月30日前履行经济赔偿义务。可是已经逾期7个月,二被申请人拒不履行判决结果。为此,特申请你院强制执行。现将事实和理由以及请求目的说明如下:

事实和理由

我与妻子均无固定工作。1995年2月我们向亲友借款5万元,承包了××地区农业局一间临街门市部,经营烟酒副食,商店日益红火,谁料此时祸从天降。1996年4月,紧靠我店的××市糖酒公司兴建办公大楼,施工人员在距我店西墙仅20cm处开挖地基,垂直深度4米。结果1996年5月2日下午3时30分左右,我店西墙整体滑塌,屋顶水泥盖板塌落,我雇用的售货员在他人的帮助下死里逃生,店内价值21100元的商品及3600元的物品全部被埋。事故发生后,我们采取得理让人的态度,与工程队及糖酒公司达成赔偿协议,让施工如期进行。但是眼看办公大楼就要竣工,工程队仍不给我修缮房屋、赔偿商品损失,致使我们300箱方便面过期变质,增加损失7500元。无奈,我们于1996年7月30日向××市法院提起诉讼,11月10日,××市法院做出如下判决:"(一)被告××市建筑工程队×队赔偿原告商品损失1.8万元,其他财产损失3600元,共2.16万元,并赔偿自1996年5月28日到执行之日的全部利息;(二)被告建筑工程队×队赔偿原告营业利润和商品信誉损失每天100元,从1996年6月7日起至交付修缮好的门市部之日止;(三)上述判决内容,被告××市糖酒公司负连带责任。"判决生效后,二被告拒不执行判决。当其办公大楼落成,举行竣工典礼那天,二被告在新建楼房上插旗悬彩,鞭炮震耳,摆盛宴庆贺，毫不考虑给我造成的辛酸和苦恼。之后，我多次找两家被告，他们或者互相推诿，或者托辞不见，至今判决生效已有整整7个月，被告仍然无故拒不履行，致使判决书成为一纸空文。

请求目的

1. 请求对被申请人(原审被告)裁定强制执行，冻结其银行存款，并依据判决赔偿数额划拨给申请人；

2. 申请人所交的执行费2000元由被申请人承担。

此致

××市人民法院

附：1. ××市人民法院判决书复印件1份；

2. 赔偿协议书1份；

3. 店铺及商品受损照片3张；

4. 申请执行担保书1份。

申请人：张××

1997年6月30日

实例(2)：

申请执行书

申请人：××投资有限公司。

地　址：××市××区×××大酒店。

法定代表人：刘××，董事长。

被申请人：张××，男，36岁，住××区×楼×单元×××号，电话：×××××××××××××。

事实和理由

1999年12月21日××市××区人民法院(1999)×民初字

第××××号民事判决：一、张××给付××投资有限公司购房款及利息100388元；二、××投资有限公司给付张××延期交房的违约金12004.40元；三、驳回××投资有限公司其他诉讼请求；四、驳回张××其他反诉请求。前述一、二项于本判决生效后10日内执行。

案件受理费4135元，由张××负担2067.50元，于本判决生效后7日内交纳。对该判决，被告张××不服，上诉于××市第一中级人民法院。第一中级人民法院于2000年6月30日作出(2000)一中民终字第1766号终审判决：驳回上诉，维持原判。一审案件受理费由张××负担2067.50元，本判决生效后7日内交纳。

被执行人张××自终审判决生效后7日内不执行判决，故我公司特申请贵院强制执行。

请求目的

1. 张××给付××投资公司购房款及利息100388元；

2. 张××给××投资公司一审诉讼费2067.50元；

3. 申请执行费由张××承担。

此致

××市××区人民法院

附：××市××区人民法院(1999)×民初字第××××号民事判决书复印件1份。

申请人：××投资有限公司

2000年7月8日

三、执行异议书

执行异议书又称“案外人执行异议书”，是指在人民法院根据一方当事人申请对另一方当事人实行强制执行过程中，案外人对执行的财物有异议，依法向人民法院提出对执行的财物享有权利的文书。我国《民事诉讼法》第 208 条规定：“执行过程中，案外人对执行标的提出异议的，执行员应当按照法定程序进行审查。理由不成立的，予以驳回；理由成立的，由院长批准中止执行。如果发现判决、裁定确有错误，按照审判监督程序处理。”这说明执行异议书对保护案外人的合法权益和保证司法公正具有重要意义。

(一)提出执行异议的条件

提出执行异议必须符合以下条件：

(1)提出执行异议的人必须是案外人；

(2)执行的对象(标的物)必须是各种物权(包括所有权、担保物权、使用权)和债权(租赁使用权、借用权、交还权)；

(3)执行异议必须在执行程序结束前提出；

(4)应提供执行异议成立的证据和担保。

(二)执行异议书的写作要求

1. 写明执行异议事项。应针对法院作出执行裁定的有关被执行物，指明被执行物的全部或者部分属于案外人所有。如：“强制划拨的账号××××××上存款 2 万元属于案外人所有，应停止执行。”

2. 写明事实和理由。应声明被执行的财物属于案外人所有，有证据可证，并引据我国《民事诉讼法》第 208 条规定，作为法律依据。例如：

你院执行被执行人黄×义银行存款还债，却把案外人黄×仁的银行存款4万元一并冻结，实属错误。案外人与被执行人黄×义虽是同胞兄弟，但是各已独立成家，经济上并无联系，岂能“弟债兄还”，株连无辜？案外人存折上的4万元存款，是自己5年来辛辛苦苦养猪挣的血汗钱，有发票和证人为证，应受法律保护。根据我国《民事诉讼法》第208条规定，请你院立即中止执行。

案外人黄×仁对被冻结的4万元存款提出异议，并从情理、法律角度进行分析、反驳，事实和理由写得简明扼要。

（三）执行异议书的格式和实例

格式：

执行异议书

异议人（案外人）：姓名、性别、年龄（出生年月日）、民族、职业或工作单位和职务、住所或常住地（法人或其他组织，写明名称或字号、地址；个体工商户，写明业主姓名、性别、年龄、民族、住所）。

法定代理人：姓名、性别、年龄、民族、职业或工作单位和职务、住所（法人或其他组织写明法定代表人或代表人、主要负责人的姓名、职务、电话）。

委托代理人：姓名、性别、年龄、民族、职业或工作单位和职务、住所（是律师的，只写姓名、工作单位和职务）。

异议请求

事实和理由

此致

______人民法院

附：1. 本异议书副本____份；

2. 书证:(名称)____件;

3. 物证:(名称)____件;

4. 证人或担保人:姓名、住址。

异议人:______

____年____月____日

(法人或其他组织加盖公章)

实例:

执行异议书

异议人:李××,男,43岁,汉族,下岗职工,住××区××镇××街××号。

异议请求

1. 立即中止对被执行人姜××居住的××楼×××房间财物的查封、拍卖;

2. 认定××楼×××房间里的财产属异议人所有。

事实和理由

我与被执行人姜××系租赁关系。1998年1月15日,姜××因开服装公司需要,租用我私人楼房××楼×××房间作为办公室,双方订有合法的租赁协议,其中明确由我配备办公桌、沙发及空调等电器设备。前三天,因第一年租期已届满,租住人姜××不辞而别。现余房间一切家具等,全是我家自己财物。至于被执行人姜××拖欠申请人××服装厂货款,我一概不知情。因此,根据我国民事诉讼法第208条规定,贵院应中止执行。

此致

××人民法院

附:1. ××楼×××房产证书复印件;
2. 租赁合同复印件。

异议人:李××
1999 年 1 月 17 日

四、证据保全申请书

证据保全申请书是民事或行政诉讼参加人(当事人、诉讼代理人)在法庭审理案件之前,请求人民法院对于可能灭失或者以后难以取得的重要证据先行采取预防性保全措施的文书。我国《民事诉讼法》第 74 条规定:“在证据可能灭失或者以后难以取得的情况下,诉讼参加人可以向人民法院申请保全证据,人民法院也可以主动采取保全措施。”最高人民法院《关于诉前停止侵犯注册商标专用权行为和保全证据适用法律问题的解释》(法释〔2002〕2 号)第 1 条第 1 款规定:“商标注册人或者利害关系人可以向人民法院提出诉前责令停止侵犯注册商标专用权行为或者保全证据的申请。”此外,案件当事人也可以在诉讼之前请求公证机构依法采取证据保全措施(现场勘验、拍照、录像、询问、笔录等),出具证据保全公证书。下面主要谈当事人向人民法院提出证据保全申请问题。

(一)证据保全申请的条件和作用

1. 申请人必须是利害关系人;

2. 申请人必须提供相应的担保;

3. 被申请保全的证据对案件事实具有证明力且有灭失的可能;

4. 应当向法院提交书面申请。《最高人民法院关于行政诉讼证据若干问题的规定》明确规定,申请保全证据的,应当在举证期限届满前以书面形式提出;

5．申请人应交纳受理费。

申请证据保全符合上述条件，人民法院必须在接到申请书后48小时作出裁定。

(二)证据保全申请书的写作要求

1．写明当事人双方的基本身份事项；

2．写明申请被保全的证据名称、具体内容、范围、所在地点；

3．写明请求保全的证据所能够证明的对象；

4．写明申请的重点理由；

5．提出请求证据保全的具体保全措施(如采取查封、扣押、拍照、录音、录像、复制、鉴定、勘验、制作询问笔录等)；

6．须向人民法院提供担保。

上述写作要求，除第1、6两项外，其他各项应写得连贯、自然、简明，特别是申请理由，应当综合分析保全证据的必要性。例如，一起合伙财产纠纷案的证据保全申请书，其申请理由：

我与被申请人王××合伙办××鸡场，他任经理，负责经销；我任副经理，负责生产。3年来我们已积累资金30余万元。近来我发现他有做假账坑我的嫌疑，向他提出看一看出入账目，被他无理拒绝。我已准备提起诉讼，为了防止账目被他毁弃，将来无法对证，特申请你院紧急做出证据保全裁定，把被申请人手中的今年1至6月的账册及发货收据查封，并把以“××鸡场”名义在工商银行的存款和他在商业银行的私人存款一并冻结。

我愿以家庭房产作抵押担保。

(三)诉前证据保全申请书的格式和实例

格式：

证据保全申请书

申请人：姓名、性别、年龄(出生年月日)、民族、职业或工作单位和职务、住所或常住地(法人或其他组织,写明名称或字号、地址;个体工商户写明业主姓名、性别、年龄、民族、住所)。

法定代理人(或指定代理人):姓名、性别、年龄、民族、职业或工作单位和职务、住所,与申请人关系(法定代表人或代表人写明姓名、职务、电话)。

委托代理人:姓名、性别、年龄、民族、职业或工作单位和职务、住所或常住地(是律师的,只写姓名、工作单位和职务)。

被申请人:姓名、性别、年龄、民族、职业或工作单位和职务、住所或常住地(法人或其他组织,写明其名称或字号、地址;个体工商户,写明业主的身份事项)。

申请人与×××(被申请人姓名或名称、字号)因……(案由)一案,已于×年×月×日向你院提起诉讼,现因该案……(具体写明证据名称及保全的必要性,如“被申请人的书证日记即将灭失,恐以后难以取得”)为此,申请保全证据。现将案件事实、理由和具体请求目的分述如下:

事实和理由

请求目的

此致

______人民法院

申请人:______

____年____月____日

(法人或其他组织加盖公章)

实例:

证据保全申请书

申请人：唐××，男，49岁，汉族，××省××市××县××镇××村农民。

被申请人：××市××医院。

申请人与被申请人因医疗事故纠纷一案，已于2002年×月××日依法向你院提起诉讼。现因被申请人矢口否认申请人15年前曾经在其医院做过手术，申请人担心当年治疗的病历记录等证据有灭失、变造的可能，会因此对本案的审判带来困难，为此，特向你院申请保全证据。现将事实和理由以及具体请求目的分别说明如下：

事实和理由

1986年2月，33岁的申请人感到腰部有些发疼，同年3月到××市××医院进行检查，检查结果是患有肾结石。后疼痛加剧，便于当年5月4日再次到该医院检查治疗，该医院为申请人从腰的左侧做了左肾取石手术，5月23日，伤口愈合出院。回到家里不久，申请人即感到不适，经常出现低烧、腰疼、坐立不安。1986年冬天，申请人第3次来到为其动手术的××市××医院进行检查，该医院领导解释是因为体内尚有残存结石，暂不能开刀。申请人毫不怀疑，认为身体不适是残余结石和手术后的正常反应。以后病魔越来越厉害地折磨着申请人，申请人因家里经济困难，就到小医院抓点药凑合活着，一年年忍受着左腰的疼痛。到2001年12月初，申请人到××市铁路医院就诊。12月10日下午，再次进行左肾手术取石时，医生发现申请人腹腔竟然有一块纱布！而且已有些腐烂。此时，申请人才意识到这块纱布应该是1986年5月在××市××医院进行手术时遗留下来的。自己这10多年的痛苦，原来与这块纱布有很大关系。申请人为讨还公道，找被申请人××市××医院索赔，该医院矢口否认申请人唐××曾在其医院做过手术，并称申请人是在别处开的刀，与其"无关"。为了防止有关证据灭失，根据我国《民事诉讼法》第74条规定提出证据保全申请。

请求目的

1. 请求法院调阅申请人在××市××医院的病历；

2. 重点查阅申请人病历中1986年5月4日的手术记录。

此致

××市人民法院

附：1. 纱布原物1件；

2. ××市铁路医院证词1份。

申请人：唐××

2002年1月27日

（注：此案详细案情，见《法制日报》2002年9月13日《仅仅是由于一块小纱布》一文报道）

五、诉前财产保全申请书

诉前财产保全申请书是利害关系人在提起民事诉讼之前依法请求人民法院对另一方当事人占有的财产采取紧急查封、扣押、冻结等保全措施，以确保将来判决结果能够实现的文书。我国《民事诉讼法》第93条规定：“利害关系人因情况紧急，不立即申请财产保全将会使其合法权益受到难以弥补的损害的，可以在起诉前向人民法院申请采取财产保全措施。申请人应当提供担保，不提供担保的，驳回申请。”并规定：“人民法院接受申请后，必须在48小时内作出裁定；裁定采取财产保全措施的，应当立即开始执行。”

（一）申请诉前财产保全的条件和要求

申请诉前财产保全必须符合下列条件：

(1)属于债务纠纷的案件;

(2)被申请人有赖债动向情况紧急的;

(3)必须提出书面申请;

(4)申请人必须提供担保。

申请诉前财产保全应遵守起诉时效。《民事诉讼法》第93条第3款规定:“申请人在人民法院采取保全措施后15日内不起诉的,人民法院应当解除财产保全。”

(二)诉前财产保全申请书的写作重点

诉前财产保全申请书应当重点写明申请人与被申请人有债务关系,且被申请人有转移、挥霍财产的动向,若不采取保全措施,将会造成以后的判决有落空的风险,势必直接损害申请人的合法权益。例如一起合同纠纷案,原告某机电公司申请诉前财产保全写道:

我机电公司与被申请人××进出口公司原是购销伙伴,该公司现在拖欠我公司近千万元货款不还。近日我公司获悉,××进出口公司的体制及人事将有重大变化,对欠我公司巨款一事存在赖账苗头。为防不测,特请求你院紧急冻结××进出口公司账户上的存款。我公司愿提供×××商厦作为担保。

(三)诉前财产保全申请书的格式和实例

格式:

诉前财产保全申请书

申请人:姓名、性别、年龄(出生年月日)、民族、职业或工作单位和职务、住所或常住地(法人或其他组织,写明名称或字号、地址;个体工商户,写明业主姓名、性别、年龄、民族、住所)。

法定代理人或指定代理人:姓名、性别、职业或工作单位和职务、住所、与申请人关系(法人或其他组织,应依次写明法定代表人或代表人、主要负责人的姓名、职务、电话以及企业性质、工商登记核准号、经营范围和方式、开户银行、账号)。

委托代理人:姓名、性别、年龄、民族、职业或工作单位和职务、住所(是律师的,只写姓名、工作单位和职务)。

被申请人:姓名、性别、年龄、民族、职业或工作单位和职务、住所或常住地(法人或其他组织,写明其名称或字号、地址)。

上列申请人与被申请人之间因……(案由)纠纷,申请人即将提起诉讼。因被申请人现在有损毁(或隐匿)争议的标的物的可能(或者其他情由),为此,特申请你院予以财产保全。申请的事实和理由及具体请求如下:

事实和理由

请求目的

此致

××××人民法院

附:1. 书证:名称、件数;

2. 物证:名称、件数;

3. 证人:姓名、住所等。

申请人:______

____年____月____日

(法人和其他组织加盖公章)

实例:

诉前财产保全申请书

申请人:××市××毛纺织厂,住所地:××镇××街××号。

法定代表人：周××，职务：厂长。

被申请人：××区××服装厂，住所地：××路××号。

法定代表人：李××，职务：厂长。

事实与理由

我厂于199×年×月×日与××服装厂签订一份购销合同，××服装厂从我厂购得毛料2.5万米，价值17.6万元，两个月内交货，货到验收后一个月内付款。后我厂于同年×月××日将2.5万米毛料全部交齐，并经该厂验收合格，无争议，该厂用此毛料加工为西装××套，批发给××百货公司及其下属商店销售。但至今，已逾付款日期一年有余，该厂不付货款。在此期间，我厂多次催要，该厂一再推说××百货公司付给该厂西装款后即付我厂毛料款。于是我厂又到××百货公司为之催付西装款。日前，承××百货公司相告，该公司已将西装款8万元给付××服装厂。而另据该厂工人反映，该厂领导正在筹备组织厂级、中层干部用这8万元分几路到山水名胜处“考察”。为此，我厂拟就与××服装厂这一合同纠纷起诉，因情况紧急，特向贵院申请诉前财产保全，以免××服装厂干部外出“考察”成行，无法追偿货款。

请求事项

立即查封被申请人银行账号，冻结其账户的存款。

我厂愿以中国××银行××支行我厂账号下10万元金额担保，如申请不当，愿负赔偿责任。

此致

××区人民法院

××毛纺织厂

法定代表人：周××

199×年×月×日

六、解除财产保全申请书

解除财产保全申请书是被申请人认为申请人向人民法院申请诉前财产保全不当,并提供担保请求人民法院解除对自己采取的查封、扣押、冻结等保全措施的文书。根据最高人民法院《关于适用〈中华人民共和国民事诉讼法〉若干问题的意见》第108条规定:“人民法院裁定采取财产保全措施后,除作出保全裁定的人民法院自行解除和其上级人民法院决定解除外,在财产保全期限内,任何单位都不得解除保全措施。”被申请人要求解除财产保全,只能向人民法院提出申请。另外,我国《民事诉讼法》规定:“被申请人提供担保的,人民法院应当解除财产保全”(第95条);“申请有错误的,申请人应当赔偿被申请人因财产保全所遭受的损失”(第96条)。据此,被申请人可以及时申请人民法院对自己解除财产保全,并要求申请人赔偿自己所遭受的经济损失。该文书具有反驳性。

(一)解除财产保全申请书的写作要求

解除财产保全申请书应重点写明事实和理由,即应说明案情真相,提出证据,批驳申请人向人民法院陈述的虚假事实和歪理谬论,并表示愿依法提供解除财产保全担保。下面是一起买卖合同纠纷案第三人关于解除财产保全申请的理由:

你院轻信申请人××公司的一面之词,把我××经销部认定为“被申请人”之一,并将我部银行存款一并冻结,是极其错误的!实际上,我部既非××公司的债务人,也非被申请人××商店的担保人,而只是当初向他们双方提供商品信息的中介人,并且我部声明不收取任何报酬。至于后来申请人××公司与被申请人××商店之间发生货款纠纷,那纯属他们二者之间的债务争议,已与我部无涉,我部理应不负连带责任。故依据《中华人民共和国民事诉讼法》第 95、96 条规定，向你院申请解除财产保全。请立即解除对我部银行存款的冻结措施，并裁定申请人依法赔偿我部经济损失 5000 元。

现提供××商厦作为我部的担保(有双方担保合同为凭)。

(二)解除财产保全申请书的格式和实例

格式：

解除财产保全申请书

申请人：姓名、性别、年龄(出生年月日)、民族、职业或工作单位和职务、住所或常住地(法人或其他组织，写明名称或字号、地址；个体工商户，写明业主姓名、性别、年龄等身份事项)。

法定代理人或指定代理人：姓名、性别、年龄、民族、职业或工作单位和职务、住所或常住地、与申请人关系(法人或其他组织，写明法定代表人或代表人、主要负责人姓名、职务、电话以及企业性质、工商登记核准号、经营范围和方式、开户银行、账号)。

委托代理人：姓名、性别、年龄、民族、职业或工作单位和职务、住所或常住地(是律师的，只写姓名、工作单位和职务)。

申请人对×××人民法院×年×月×日(年度)×字第×号财产保全裁定不服，现申请解除……(查封、扣押、冻结)措施。

事实和理由

请求事项

此致

______人民法院

附：1. 证据：名称、件数；

2. 担保书1份。

申请人：______

____年____月____日

（法人和其他组织加盖公章）

实例：

解除财产保全申请书

申请人：甲市××工商公司，地址：甲市××路××号。

法定代表人：李××，经理。

申请人对乙市中级人民法院1997年×月×日(1997)×字第×号的财产保全裁定不服，现提出解除对我公司的财产保全申请。

事实和理由

××矿务局煤炭经销处财产保全申请是错误的。既没有事实根据，又没有法律依据。

××矿务局以与甲市第×××厂在1996年××月××日签订的《煤炭购销合同》为由，以甲市第×××厂为第一被告，以我公司为第二被告起诉至乙市中级人民法院，向我公司索要煤款，并申请乙市中级人民法院于1997年×月××日冻结了我公司在××银行的存款，账号是：(略)。其中申请的事实和理由完全是错误的。××矿务局与甲市第×××厂签订的《煤炭购销合同》中，双方当事人只有“××矿务局”与甲市“第×××厂”，我公司既非“购方”，又非“担保方”，与该合同毫无关系。××矿务局经理称我公司是甲市第×××厂的煤款“结算单位”，这与事实不符。事实是我公司仅与甲市第×××厂内部约定由我公司代其垫付煤款，与××矿务局和甲市第×××厂的《煤炭购销合同》无关。后来，因他们之间的合同未履行，垫付款即失去意义。××矿务局经理诉状所称两列车煤炭属于履行我公司与××国际×××商贸有限公司达成的“口头协议”，这与××矿务局无关。

综上所述，我公司与甲市第×××厂并未形成事实上的合同关系，××矿务局与我公司也无任何实体法律关系，因此××矿务局无权向我公司索要煤款；其向乙市中级人民法院申请财产保全，无事实根据和法律依据，因此是错误的。其行为已经给我公司造成了严重经济损失，法院应当立即解除对我公司存款的冻结，我公司愿向法院提供担保。

请求事项

依据《中华人民共和国民事诉讼法》第95、96条之规定：1. 请求法院立即撤销财产保全裁定，解除对我公司存款的冻结；2. 判令××矿务局赔偿因其财产保全申请错误给我公司造成的经济损失。

此致

乙市中级人民法院

附：1. 财产保全裁定和复印件1份；

2. 解除财产保全担保书1份；

3. 我公司经营损失证明2份。

申请人：甲市××工商公司

1997年××月××日

（公章）

七、行政复议申请书

行政复议申请书是公民、法人或其他组织认为行政机关的行政决定侵犯了自己的合法权益，依法向上一级行政机关提出异议，请求予以重新研究，裁决撤销或改变错误行政决定的文书。我国《行政复议法》第 9 条规定："公民、法人或者其他组织认为具体行政行为侵犯其合法权益的，可以自知道该具体行政行为之日起 60 日内提出行政复议，但是法律规定的申请期限超过 60 日的除外。"申请行政复议与提起行政诉讼相比，有两大优点：

(1)问题处理快。行政机关收到行政复议申请后，应当在 5 日内进行审查，一般在 30 日内作出处理，至迟须在 60 日内作出处理；

(2)申请行政复议不交费。

(一)提出行政复议申请的条件

1. 必须符合法定的行政行为范围规定。依据《行政复议法》规定，公民、法人或者其他组织可以对下列 11 种行政行为申请复议：

(1)对行政机关作出的警告、罚款、没收违法所得、没收非法财物、责令停产停业、暂扣或吊销许可证、暂扣或者吊销执照、行政拘留等行政处罚决定不服的；

(2)对行政机关作出的限制人身自由或者查封、扣押、冻结财产等行政强制措施决定不服的；

(3)对行政机关作出的有关许可证、执照、资质证、资格证等证书变更、中止、撤销的决定不服的；

(4)对行政机关作出的关于确认土地、矿藏、水流、山岭、草原、荒地、滩涂、海域等自然资源的所有权或者使用权的决定不服的；

(5)认为行政机关侵犯合法的经营自主权的；

(6)认为行政机关变更或者废止农业承包合同，侵犯其合法权益的；

(7)认为行政机关违法集资、征收财物、摊派费用或者违法要求履行其他义务的；

(8)认为符合法定条件，申请行政机关颁发许可证、执照、资质证、资格证等证书，或者申请行政机关审批、登记有关事项，行政机关没有依法办理的；

(9)申请行政机关履行保护人身权利、财产权利、受教育权利的法定职责，行政机关没有依法履行的；

(10)申请行政机关依法发放抚恤金、社会保险金或者最低生活保障费，行政机关没有依法发放的；

(11)认为行政机关的其他具体行政行为侵犯其合法权益的。

上述11种情形，可以说基本上包括了行政行为所引起的与普通老百姓之间的一切纠纷。

2. 复议申请人必须合法。复议申请人包括：公民及其法定代理人、近亲属，法人或其他组织及其权利的享受者，以及同具体行政行为有利害关系的第三人等。

(二)申请行政复议的具体要求

1. 申请行政复议应与复议机关对口：

(1)对县级以上地方人民政府工作部门的具体行政行为不服的，申请人可以选择向本级政府申请复议，也可选择向上一级主管部门申请复议；

(2)对海关、金融、国税等实行垂直领导的行政机关和国家安全机关具体行政行为不服的，向其上一级主管部门申请复议；

(3)对地方各级人民政府的具体行政行为不服的，向上一级地方人民政府申请复议；

(4)对省、自治区人民政府派出机关所属的县级地方人民政府的具体行政行为不服的，向派出机关申请复议；

(5)对县级以上地方人民政府设立的派出机关的具体行政行为不服的，向设立派出机关的人民政府申请复议；

(6)对国务院部门或者省、自治区、直辖市人民政府的具体行政行为不服的，向国务院部门或者省、自治区、直辖市人民政府申请复议；

(7)对政府工作部门设立的派出机构以自己名义作出的具体行政行为不服的，向设立派出机构的部门或其本级政府申请复议；

(8)对授权组织的具体行政行为不服的，向相应直接管理该组织的地方人民政府、地方人民政府工作部门或者国务院部门申请复议；

(9)对行政机关以共同的名义作出的具体行政行为不服的，向其共同上一级行政机关申请复议；

(10)对行政机关撤销前所作的具体行政行为不服的，向继续行使职权的行政机关的上一级行政机关申请复议；

(11)凡有上述(5)、(7)、(8)、(9)、(10)五种情形之一的，也可以向具体行政行为发生地的县级地方人民政府申请复议。

2. 申请行政复议可以采取书面或口头形式。采用书面形式应符合格式规范；采用口头形式的，由行政复议机关当场记录。

(三)行政复议申请书的写作方法

1. 写明复议请求。复议请求应当明确、合法。一般可以提出请求复议机关撤销、变更被申请人的具体行政决定的文号及其决定内容。如：请求撤销或者变更罚款；请求撤销违法集资；请求撤销没收财物、征收财物、摊派费用以及撤销对财产查封、扣押、冻结等决定；请求责令被申请人返还财产以及解除对财产的查封、扣押、冻结措施等。此外，还可以根据实际情况提出行政赔偿的请求。

2. 写好事实和理由。这项内容的写作方法与行政起诉状的事实与理由相似。应当简要叙述行政纠纷的过程，写明有关证据，并依法分析被申请人非法行政行为的侵权实质以及说明予以纠正的必要性。

(四)行政复议申请书的格式和实例

格式：

行政复议申请书

申请人：姓名、性别、年龄(出生年月日)、民族、职业或工作单位和职务、住所或常住地(法人或其他组织，写明名称或字号、地址；个体工商户，写明业主姓名、性别、年龄等身份事项)。

法定代理人：姓名、性别、年龄、民族、职业或工作单位和职务、住所或常住地、与申请人关系（法人或其他组织，写明法定代表人、代表人或主要负责人的姓名、职务、电话）。

被申请人：行政机关名称、地址。

复议请求

事实和理由

此致

______（复议机关名称）

附：1. 书证：（名称，件数）；

2. 人证：姓名、地址。

申请人：______

____年____月____日

（法人和其他组织加盖公章）

实例(1)：

行政复议申请书

申请人：王××，男，54岁，汉族，××省××市人，××市××厂干部，住××市××街××号。

被申请人：××市土地管理局。

住所地：××市××街××号。

法定代表人：丁××，局长。

复议要求：撤销××市土地管理局(1991)行处字第××号行政处罚决定。

事实和理由

1989年4月××日，申请人向××街道办事处递交了翻建住宅楼申请，面积为240平方米，同年5月××日，××街道办事处对申请作了批示。1990年10月×日，××市城建规划处签发了建房通知单，据此，申请人翻建了住宅楼，并于1991年2月份完工，之后，城建规划处按建房通知单验收合格，并于2月20日发放了第××号建筑许可证。

可是被申请人于1991年3月××日对申请人作出行政处罚决定，认为申请人建房"没有土地审批划拨手续，多占地80平方米"，并予以处罚。申请人认为，此行政处罚决定是错误的。

申请人建房之前及建房期间，建房的审批工作，都是由城建规划处负责。申请人取得了城建规划处的合法批文，并且是按照建房通知单划定的范围施工的，怎么能说是"没有土地审批划拨手续"呢？如果说城建规划处的批文有效，那否定批文的依据是什么？如果批文无效，根据《中华人民共和国土地管理法》第48条的规定，应该由城建规划处承担相应的民事责任，而不应当处罚申请人。

因此，申请人认为，被申请人××市土地管理局作出的(1991)行处字第××号行政处罚决定是错误的，请依法审查复议，撤销决定。

此致

××市土地管理局

附：1. 建房申请书1份；

2. ××街道办事处批文；

3. ××市城建规划处签发的建房通知单；

4. 第××号建筑许可证；

5. ××市土地管理局行政处罚决定书1份。

申请人：王××

1991年4月×日

实例(2):

行政复议申请书

申请人:王××,男,193×年×月××日生,汉族,小学文化,××市电业局退休职工,现住××市××路×号。

被申请人:×××市人民政府。

申请人因不服×××市人民政府×政复〔2001〕×号复议决定维持:××市人民政府核发的×国有(1997)×字第×××××号国有土地使用证,特申请行政复议。

请求事项

请求依法撤销×政复〔2001〕×号复议决定,重新裁决。

事实与理由

1981年×月×日,申请人经原××市×××镇××村民委员会批准,在××市××路东段划宅基地一处(此地属该村集体所有),并建房居住至今。1990年申请人南邻原××市建化厂提出"征用"该宅基地,后终因"补偿"问题,协商未果,直至该厂倒闭。但因该厂当时已实际占用申请人部分宅基地,申请人因此多次向××市土地管理局反映,可该局以"该土地尚未办理征用手续"为由,不予处理。2000年×月,申请人因该土地与他人发生纠纷,才发现××市人民政府已于1997年××月××日核发"×国有(1997)×字第×××××号国有土地使用证",将该土地使用权确权给"××市××××机械有限公司"。无奈,申请人依法向被申请人×××市人民政府申请复议。

2001年×月××日,×××市人民政府作出×政复〔2001〕×号《行政复议决定书》,决定:维持××市人民政府1997年××月××日核发的"×国有(1997)×字第×××××号国有土地使用证"。申请人认为:该复议决定对××市人民政府的违法行政行为,不但不予纠正,反而大力支持,将"法定职责"推于"非行政机构",

该决定是错误的，应予纠正。故申请人再次提出行政复议申请。

综上所述，×××市人民政府对××市人民政府违反法定程序核发的×国有(1997)×字第×××××号国有土地使用证，本应依法纠正，但却予以维持，是错误的，望上极机关查明事实后，依法撤销其作出的《行政复议决定》，重新裁决，以维护申请人的合法权益。

此致

××省人民政府

附:1. 村委会批准宅基地证明1份；

2. ××市核发国有土地使用证复印件1份；

3. ×××市《行政复议决定书》复印件1份。

申请人：王××

2001年×月××日

八、取保候审申请书

取保候审申请书是在押的犯罪嫌疑人、被告人或者其法定代理人、近亲属以及律师依法以提供保证人或保证金为条件，向司法机关申请对犯罪嫌疑人、被告人采取轻于监视居住、拘留等强制措施的待审方式的文书。我国《刑事诉讼法》第52条规定:“被羁押的犯罪嫌疑人、被告人及其法定代理人、近亲属有权申请取保候审。”第96条规定:“犯罪嫌疑人被逮捕的，聘请的律师可以为其申请取保候审。”第53条规定:“人民法院、人民检察院和公安机关决定对犯罪嫌疑人、被告人取保候审，应当责令犯罪嫌疑人、被告人提出保证人或者交纳保证金。”以上规定是申请取保候审的主要法律依据。按照规定，“取保”可选取两种方式之一：一种是提供保证人；一种是交纳保证金。选择交纳保证金方式的，候审人在候审期间违反规定的，没收其保证金；未违反规定的，保证金在取保候审结束时退还。下面着重谈谈选择提供保证人方式的有关问题。

（一）被取保候审人的条件和应遵守的规定

1. 被取保候审人的条件。根据我国《刑事诉讼法》第 51 条规定，被取保候审人必须具备下面两个条件之一：

（1）可能判处管制、拘役等较轻刑罚的；

（2）或者可能判处有期徒刑以上较重刑罚但采取取保候审不致发生社会危险的。

2. 被取保候审人应当遵守的规定。根据我国《刑事诉讼法》第 56 条规定，被取保候审人应当遵守下列规定：

（1）未经执行机关批准不得离开所居住的市、县；

（2）在传讯的时候及时到案；

（3）不得以任何形式干扰证人作证；

（4）不得毁灭、伪造证据或者串供。

在取保候审期间，如果被取保候审人违反了上述规定，将受到具结悔过、重新交纳保证金、监视居住以及逮捕等处罚。

（二）保证人的条件和义务

1. 保证人的条件。根据我国《刑事诉讼法》第 54 条规定，保证人必须符合下列条件：

（1）与本案无牵连；

（2）有能力履行保证义务；

（3）享有政治权利，人身自由未受到限制；

（4）有固定的住处和收入。

2. 保证人的义务。根据我国《刑事诉讼法》第 55 条规定，保证人应履行以下义务：

（1）监督被保证人遵守本法第 56 条的规定；

（2）发现被保证人可能发生或者已经发生违反本法第 56 条规

定的行为的，应当及时向执行机关报告。

如果保证人违背上述义务规定，将受到罚款或被依法追究刑事责任。

（三）取保候审申请书的格式和实例

格式：

取保候审申请书

申请人（犯罪嫌疑人或被告人）：姓名、性别、年龄、民族、职业或工作单位、现羁押处所。

法定代理人（或近亲属）：姓名、性别、年龄、民族、职业或工作单位和职务、住所、与被保证人关系。

委托辩护人：姓名、性别、年龄、民族、职业或工作单位和职务、住址（是律师的，只写姓名、工作单位和职务）。

申请人因……（案由）一案，于×年×月×日被你局（院）羁押，现申请人根据《中华人民共和国刑事诉讼法》第51条、第52条、第56条（律师代为申请的，还须根据同法第96条）规定，特申请取保候审。愿交纳保证金（或愿提供保证人）并提交保证书。请依法审查批准。

此致

______公安局（或人民检察院、人民法院）

附：1. 申请人保证书；

2. 担保人：（姓名、地址）；

3. 担保保证书。

申请人：______

______年____月____日

实例：

取保候审申请书

申请人：黎××，男，40岁，××工人，住××县××乡××村×组，犯罪嫌疑人罗××之夫。

犯罪嫌疑人罗××因涉嫌故意伤害一案，于2002年×月×日被××县公安局刑事拘留，她现在已深感悔恨。只因家里有一个刚过满月的女婴，我每天需要上班，孩子无人喂养，根据《中华人民共和国刑事诉讼法》第52条、第53条、第55条规定，特申请对罗××实行取保候审，请予以批准。

此致

××县公安局

附：1．黎××担保书1份；

2．被保证人罗××悔过书1份。

申请人：黎××

2002年×月××日

九、请求抗诉书

请求抗诉书是刑事公诉案件的被害人及其法定代理人不服一审判决，民事案件或行政案件的当事人不服生效裁判，请求人民检察院提出抗诉的文书。我国《刑事诉讼法》第182条规定："被害人及其法定代理人不服地方各级人民法院第一审的判决的，自收到判决书后5日以内，有权请求人民检察院提出抗诉。人民检察院自收到被害人及其法定代理人的请求后5日以内，应当作出是否抗诉的决定并且答复请求人。”下面主要谈谈被害人请求抗诉书的写法。

(一)请求抗诉书的基本内容

请求抗诉书应当依次写明申请人身份事项、事实和理由以及请求目的。其中事实和理由是重要内容,应针对刑事一审的判决错误,认准关键“错因”,用叙述说明案件事实和联系刑法适用条款规定的方法进行批驳,着重指出定罪不当或量刑过轻,应当依法予以纠正。该申请书具有很强的针对性和驳辩性,与刑事上诉状很相似。

(二)请求抗诉书的格式和实例

格式:

请求抗诉书

请求人:姓名、性别、年龄(出生年月日)、民族、职业或工作单位和职务、住所或常住地。

法定代理人:姓名、性别、年龄、民族、职业或工作单位和职务、住所或常住地、与请求人的关系。

请求人于×年×月×日收到×××人民法院(年度)×刑初字第×号刑事判决书。因该判决书……(概括说明其认定事实、证据和适用法律错误、量刑过轻等),特请求你院依法提出抗诉,事实和理由如下:

(具体写明刑事一审判决的错误内容和不服判决的理由),最后写:“根据上述事实和理由,依据《中华人民共和国刑事诉讼法》第182条规定,请求你院提出抗诉,纠正×××人民法院的错误判决。

此致

______人民检察院

附：1. 一审刑事判决书复印件1份；
　　2. 证据：(名称和件数)。

申请人：______
______年____月____日

实例：

请求抗诉书

请求人：关××，女，1963年×月×日生，汉族，个体户，×××省×××市人。

请求人：崔××，女，1959年×月×日生，下岗工人，×××省×××市人。

请求人于1999年××月××日收到×××省××县人民法院(1999)×刑初字第××号刑事附带民事判决书。对本案被告人非法搜查请求人的严重行为，该判决书却认定"被告人王××、王××无罪，民事赔偿可依法另诉"。该判决认定事实不清，适用法律不当，完全违背了我国《刑法》关于法定原则和罪刑相适应原则的立法精神；该判决放纵了罪犯，同时也侵犯了请求人的合法权益。为此依法请求人民检察院抗诉。具体理由如下：

从非法搜查罪的概念上看，本罪是指非法对他人的身体、住宅进行搜查的行为。我国《刑事诉讼法》及其有关法律规定：搜查职能由公安机关、人民检察院、国家安全机关依照法律规定的程序进行。因此，非法搜查具有两层含义，一是指无权进行搜查的机关、团体、单位或个人非法对他人人身、住宅进行搜查；二是指有搜查权的国家机关工作人员滥用职权擅自决定非法对他人的人身、住宅进行搜查或者搜查的程序和手续不符合法律规定。只要具备其中之一的即为非法搜查罪。本罪是故意犯罪。

从最高人民检察院1986年3月24日发布的立案标准以及适

用我国刑法第245条的司法实践来看，非法搜查罪具有下列情形之一的应予立案，并构成本罪。

一、非法搜查他人身体、住宅手段恶劣的；

二、多次或多家非法搜查影响很坏的；

三、非法搜查引起被搜查人自杀或造成财物严重损坏的；

四、非法搜查造成严重后果的。

1998年××月×日夜，请求人住进××县××招待所，不料被告人王氏姐妹二人以“丢钱”为由强行对请求人进行非法搜身、殴打、辱骂，给清白的请求人身心造成严重痛苦。

依上述相关规定来分析本案，请求人认为：二王及李××的行为已构成《刑法》第245条规定的非法搜查罪，他们理应受到法律的惩处。其理由有二：

一、王××丢失970元钱是本案的起因。认定钱是崔、关所偷，公、检、法三机关都持否定态度。退一步说即便是崔、关二人偷了钱，也不该由二王来对崔、关搜身，而应由公安机关有搜查权的工作人员按法定的程序来处理。二王的行为具备了构成非法搜查罪的要件。李××身为警务人员，却置国法于不顾，组织参与非法搜查，致使二王有恃无恐，其行为加重了本已恶劣的严重后果。

二、一审判决认为，二王的非法搜查行为显著轻微，危害不大，不构成犯罪。这显然是与事实相悖的。二王及李××等人在无搜查权的情况下，先后3次搜身，两次逼迫被害人脱光全部衣服后，还得叉开双腿站在场地中央让二王查看，谩骂、殴打伴随着非法搜查的全过程。最终，非法搜查者还抢走了被害人自己带的钱物。还有什么样的非法搜查行为比二王和李××的行为更严重、更恶劣呢?!

综上所述，××县人民法院(1999)×刑初字第××号刑事附带民事判决书明显不公。根据我国《刑事诉讼法》第182条规定，特请求你院依法提出抗诉，为请求人的人格尊严受到罕见的非法侵害申张正义！

此致

××县人民检察院

附：1.××县法院(1999)×刑初字第××号判决书复印件1份；

2.×××市××医院诊断书1份。

请求人：关××、崔××

1999年××月××日

十、宣告失踪申请书

宣告失踪申请书，是指下落不明满两年的公民的近亲属或利害关系人，依法向人民法院申请予以认定并公开宣告的文书。我国《民事诉讼法》第166条规定："公民下落不明满二年，利害关系人申请宣告其失踪的，向下落不明人住所地的基层人民法院提出。"申请宣告失踪的目的，一般是为了财产继承、婚姻关系、债务关系等实际需要。

（一）提出宣告失踪申请的条件

1. 必须是公民下落不明满两年。计算下落不明的时间，从公民音讯消失之次日起计算；

2. 必须由近亲属和利害关系人提出申请。包括下落不明人的配偶、父母、子女、兄弟姐妹、祖父母、外祖父母、孙子女、外孙子女及其合伙人、债权人等；

3. 必须向失踪人所在地的人民法院提出申请。一般说，申请人应向当地基层人民法院申请，或向失踪人最后居住地基层人民法院申请。

4. 应提供公安机关或其他机关的书面证明。

5. 必须经人民法院依法宣告。由人民法院宣告后,才可以确认下落不明人"失踪"。

(二)宣告失踪申请书的写作要求

宣告失踪申请书,应当依据法律规定和格式内容,依次写明申请人身份事项、请求,失踪人下落不明的事实、时间,并需要附有公安机关或者其他有关机关对失踪人下落不明的书面证明。

(三)宣告失踪申请书的格式和实例

格式:

宣告失踪申请书

申请人:姓名、性别、年龄(出生年月日)、民族、职业或工作单位和职务、住所(法人或其他组织写明名称或字号、地址等)。

法定代理人:姓名、性别、年龄、民族、职业或工作单位和职务、地址、与申请人关系(法人或其他组织,写明法定代表人或代表人、主要负责人姓名、职务、电话)。

被申请人(失踪人):姓名、性别、年龄、民族、职业或工作单位和职务、原住址。

请求事项

事实与理由

此致

______人民法院

附:被申请人失踪证明____件。

申请人:______

____年____月____日

（法人或其他组织加盖公章）

实例：

宣告失踪申请书

申请人：刘×，男，35岁，汉族，××县××村小学教师，住本村，是被申请人之夫。

被申请人：王××，女，33岁，汉族，原××××厂职工，住厂内职工宿舍，是申请人之妻。

请求事项

请求人民法院宣告被申请人王××失踪。

事实与理由

我与妻子王××婚后感情尚可，但无子女。1996年×月妻子辞职离家，到××市一家公司任职，从未告诉过我她在××市的具体工作单位和住址，也很少回家。我因工作很忙，也没去过××市看望她。1998年底，她带走家中所有的存款、贵重衣物、首饰，此后杳无音讯，至今3年多下落不明。依据《中华人民共和国民事诉讼法》第166条规定，特向法院申请宣告王××失踪。

此致

××县人民法院

附：村委会证明1份。

申请人：刘×

2002年×月××日

十一、宣告死亡申请书

宣告死亡申请书是公民下落不明满4年或者因意外事故下落不明满两年时，其近亲属或利害关系人向基层人民法院申请宣告下落不明人死亡的文书。其申请目的，是维护申请人的人身、财产等合法权益。我国《民事诉讼法》第167条规定："公民下落不明满4年，或者因意外事故下落不明满两年，或者因意外事故下落不明，经有关机关证明该公民不可能生存，利害关系人申请宣告其死亡的，向下落不明人住所地基层人民法院提出。"宣告死亡申请书是极为严肃的法律文书，必须严格按照上述法律规定提出。应指出的一点是，"宣告死亡"属于民事推定法律行为，不完全等于"生理死亡"认定。因此，被宣告死亡的公民如果负罪潜逃，并不妨碍追究其刑事责任。

（一）宣告死亡申请书的写作要求

宣告死亡申请书的格式与宣告失踪申请书相同。写作内容，应当着重写明下落不明的事实、时间和申请人的请求，并需要附有公安机关或者其他有关机关对该公民下落不明的书面证明。

（二）宣告死亡申请书的格式和实例

格式：

宣告死亡申请书

申请人：姓名、性别、年龄（出生年月日）、民族、职业或工作单位和职务、住所（法人或其他组织，写明名称或字号、地址）。

法定代理人：姓名、性别、年龄、民族、职业或工作单位和职务、住所、与申请人关系（法人或其他组织，写明法定代表人或代表人、主要负责人的姓名、职务、电话）。

被申请人：姓名、性别、年龄、民族、职业或工作单位和职务、最后住所。

请求事项

事实与理由

此致

______人民法院

附：被申请人下落不明证明____份。

申请人：______

____年____月____日

（法人或其他组织加盖公章）

实例：

宣告死亡申请书

申请人：李××，女，30岁，汉族，××省××县××村农民，被申请人之妻。

被申请人：张××，男，32岁，汉族，××省××县××村农民，申请人之夫。

请求事项

请求人民法院依法宣告被申请人张××死亡。

事实与理由

我丈夫张××在1996年×月因故意伤害他人畏罪潜逃，至今已5年有余，音信全无，下落不明。依据《民法通则》第23条规定："公民有下列情形之一的，利害关系人可以向人民法院申请宣告死亡：（一）下落不明满4年的；（二）因意外事故下落不明，从事故发生之日起满两年的”;并依据《中华人民共和国民事诉讼法》第167条规定,现在向你院申请对失踪的张××宣告死亡,请予准许。

此致

××县人民法院

附:1. 村委会证明1份;

2. ××派出所证明1份。

申请人:李××

2002年×月××日

十二、国家赔偿申请书

国家赔偿申请书是公民、法人和其他组织认为国家行政机关和司法机关工作人员给自己的合法权益造成损害时,依法向国家行政机关和司法机关申请支付赔偿金的文书。我国《国家赔偿法》第2条规定:“国家机关和国家机关工作人员违法行使职权侵犯公民、法人和其他组织的合法权益造成损害的,受害人有依照本法取得国家赔偿的权利。”由此可知,申请国家赔偿是受害人的一种权利,而国家赔偿申请书是行使这一权利的重要手段。

(一)申请国家赔偿的范围

公民、法人和其他组织申请国家赔偿,主要限于两类案件:一类是行政损害案件,另一类是刑事损害案件。

1. 申请行政赔偿的范围。申请行政赔偿的范围,主要包括两个方面的行政侵权行为:

(1)侵害人身权利的。如,违法采取强制措施,限制、剥夺公民人身自由,甚至殴打或使用武器、警械造成公民身体伤害或死亡的；

(2)侵害财产权利的。如，违法罚款、查封、摊派、没收财物等行为。

2. 申请刑事赔偿的范围。申请刑事赔偿的范围，也包括两个方面的案情：

(1)司法机关及其工作人员在行使侦查、检察、审判、监管职权时，侵犯受害人人身权利的。如，错拘、错捕、无罪错判且已执行、刑讯逼供、违法使用武器或警械造成公民伤亡等。

(2)司法机关及其工作人员在行使侦查、检察、审判、监管职权时侵犯受害人财产权利的。如，违法扣押、冻结受害人财产，申诉人被改判无罪但原判罚金、没收财产已经执行等。

(二)申请国家赔偿的条件

1. 申请人必须合法。申请国家赔偿的人，必须是受到国家机关违法行为直接侵害的公民、法定代理人、法人和其他组织。

2. 必须是属于法定赔偿范围的案件。例如，××省××市律师董某被错捕错押一案：董律师在1998年代理一件离婚诉讼，涉及双方当事人财产争议，不料被某区人民检察院以"涉嫌盗窃罪"批捕关押37天，后因错捕获释。董律师向某区人民检察院申请国家赔偿，几经曲折，最后获得该区人民检察院赔偿金1602.10元以及恢复名誉、赔礼道歉(见《法制日报》2002年8月28日《蒙冤律师呼吁净化执法环境》一文)。但是，如果是行政机关工作人员与行使职权无关的"个人行为"，或者因公民自己故意作虚伪供述被判处刑罚的，依法不可以申请国家赔偿。

3. 必须遵守申请的法定程序和时限。申请国家赔偿必须遵守申请的程序和期限规定：

(1)申请行政机关国家赔偿的，可以先向侵权行政机关提出，也可以在申请行政复议和提起行政诉讼时一并提出。行政机关应当自收到申请之日起两个月内作出是否给予赔偿决定。请求人对不予赔偿或对赔偿数额有异议的，可以自赔偿期届满之日起3个月内向人民法院提起行政诉讼。

(2)申请司法机关国家赔偿的,司法机关应当自收到申请之日起两个月内作出是否给予赔偿的决定。请求人对不予赔偿或对赔偿数额有异议的,可以自赔偿期届满之日起30日内向其上一级司法机关申请复议,复议机关应当自收到申请之日起两个月内作出决定。请求人不服复议决定的,或者复议机关逾期不作决定的,请求人可以在收到复议决定之日起或复议期届满之日起30日内,向复议机关所在地的同级人民法院赔偿委员会申请作出赔偿决定。

申请国家赔偿,必须在国家机关侵权行为被确认两年内提出。

4. 申请国家赔偿必须提交申请书。

(三)国家赔偿申请书的写作要求

1. 符合格式内容。应依次写明申请人身份事项,赔偿请求、事实与理由等。

2. 重点写明侵权事实与申请国家赔偿的理由。应具体叙述国家机关或其工作人员滥用职权非法进行执法、司法的过程,给受害人造成的实际损害结果,并说明申请赔偿的法律依据。行政赔偿案叙述事实,与行政起诉状相似;司法赔偿等叙述事实,与刑事自诉状相似。二者说理,应依据《国家赔偿法》的相应规定。

(四)国家赔偿申请书的格式和实例

格式:

国家赔偿申请书

申请人:姓名、性别、年龄、工作单位、住所或常住地(法人或其他组织,写明名称或字号、地址)。

法定代理人:姓名、性别、年龄、工作单位、住所或常住地、与申请人关系(法人或其他组织,写明法定代表人或代表人、主要负责人姓名、职务、电话)。

被申请机关:

请求事项

事实与理由

此致

______(赔偿机关名称)

附:确认违法证据:(名称、件数)

申请人:______

______年____月____日

(法人或其他组织加盖公章)

实例:

国家赔偿申请书

申请人:刘××,女,45岁,汉族,××省××市××区××公司经理,住××市××街×号。

被申请机关:××市人民检察院和××市中级人民法院。

请求事项

1. 为申请人恢复名誉,赔礼道歉;

2. 赔偿对申请人限制人身自由和扣押车辆等造成的精神和经济损失。

事实与理由

1995年×月×日晚×时许,××市人民检察院反贪局工作人员在没有证据、没有出示合法手续的情况下,以"贪污罪"的名义将申请人带铐关押在宾馆长达44天之久。审查期间,将申请人的罪名由"贪污"改为"挪用公款",后又改为"监守自盗"。在"取保候审"出来之前,反贪局工作人员强迫申请人写下"不上告"的书面保证。事情的起因是申请人的好友王某存放在申请人单位的 77 台空调被申请人抵押给银行贷款用作企业流动资金。王某曾答复申请人可以抵押或处理给他人，而“举报人”恰是王某！这件民事案件因检察机关的介入成为复杂化的刑事案件。

1996 年×月×日中午，××市中级人民法院采取异地扣押的保全方式，将已知不是申请人的一辆 XL－01×××租赁车以及先行抵押给农行××信用社的××42－02×××黄河液化气槽车异地扣押。申请人拿着公证机关的公证文书要求返回车辆，抵押权人也与××市中级人民法院审判人员交涉，均遭到拒绝。在非法扣押 138 天后，××42－02×××黄河液化气槽车被返回给申请人。而另一辆车至今未还，导致申请人无法进行正常的生产经营，造成重大经济损失。依据《中华人民共和国国家赔偿法》第 15 条、第 16 条第 1 项规定，现向你院申请国家赔偿。

此致

××市人民检察院

××市中级人民法院

附：1. 被关押证明 1 份；

2. 扣押车辆书证 1 份；

3. 王某证言 1 份。

申请人：刘××

1996 年×月××日

十三、缓、减、免交诉讼费申请书

民事诉讼当事人由于经济困难，依法可以向人民法院申请缓交、减交或者免交诉讼费。我国《民事诉讼法》第107条规定:“当事人交纳诉讼费用确有困难的,可以按照规定向人民法院申请缓交、减交或者免交。”其目的是为了让“穷困者打得起官司”。

(一)申请缓、减、免交诉讼费的条件

1. 基本条件是“确有困难”。如家里遭受天灾人祸、疾病困苦、经营严重亏损等,并需要列举证据。申请人可以是起诉或上诉一方,也可以是任何败诉一方。

2. 应根据不同困难情况提出适当请求。申请人应根据自己实际困难状况,分别向法院提出缓交、减交、免交等不同申请。

(二)缓、减、免交诉讼费申请书的格式和实例

格式:

缓(或减、免)交诉讼费申请书

申请人:姓名、性别、年龄(出生年月日)、民族、职业或工作单位和职务、住所或常住地。

法定代理人:姓名、性别、年龄、民族、职业或工作单位和职务、住所或常住地、与申请人关系。

事实和请求

此致

______人民法院

附:证据(名称、件数)。

申请人:______

______年____月____日

实例:

缓交诉讼费申请书

申请人:王××,女,65岁,汉族,××县××乡××村农民。

我的独生子李××在××市第×××工程队辛辛苦苦打工一年,我盼他春节回家团圆,谁知他因讨要工钱无着,被逼一气之下爬上吊塔坠落身亡。我痛定思痛之后,准备向你院提起诉讼,但是暂时无钱交费,恳请准予缓交。

此致

××市人民法院

附:1. 李××死亡证明1份;

2. 村委会证明1份。

申请人:王××

2002年×月××日

十四、先予执行申请书

先予执行申请书是民事案件原告因生活、生产等急需,依法在判决前请求人民法院责令被告预先给付一定数额费用或报酬的文书。该文书是处境困难的一方案件当事人维护自身权益的有效法律手段。

(一)申请先予执行的条件

1. 必须符合法定的案件范围。具体包括两类案件:"(1)追索赡养费、扶养费、抚育费、抚恤金、医疗费用的;(2)追索劳动报酬的"(《中华人民共和国民事诉讼法》第97条)。

2. 因情况紧急需要先予执行的。如,发生天灾、人祸、疾病等。

被申请人:××市第×建筑工程公司。

地址:××市××区××大街×××号。

法定代表人:陆××,职务:经理。

申请人与被申请人因劳动致伤纠纷,于1994年×月××日向你院提起诉讼。现因申请人生活困难,无力支付住院治疗所需费用,特申请先予执行;责令被申请人先行给付治疗费、生活费、营养补助费等共计人民币3万元。

事实与理由

申请人于1993年8月来京,经人介绍在××市第×建筑工程公司做临时工,约定在做一年临时工期间每月包吃包住,给付劳动酬金350元,工伤由公司承担治疗费用。

1994年1月××日上午,在××工地从事×号高层住宅楼施工任务时,申请人脚下的支撑架脱落,申请人从5层高的地方摔下,虽经公司派人及时送往医院抢救,保住了生命,但造成胸部以下截瘫,至今仍在住院治疗。

申请人入院后,被申请人除于当日支付住院押金5000元,于1月××日支付手术费8000元等共计1.3万元以外,再未支付住院治疗所需费用,并停发了申请人自1月份以来的酬金。申请人的父母、妻子从老家来××市探望、照看申请人所需的衣食住行等费用全部靠自筹解决,至今已欠债近万元。

申请人认为:申请人是在劳动中受伤的,且已成残疾,属于工伤,应当由被申请人支付治伤所需各种费用,并承担申请人今后生活所需费用;申请人的家属来照料申请人,经医院批准,应认为是必要的,所花费用也应由被申请人承担。因此,申请人在提起诉讼时提出被申请人支付各种费用共计24万元人民币。鉴于目前急需治疗、生活费用,提出先予执行申请。

请求目的

1. 被申请人先行给付住院治疗费、家属陪床费等共计人民币2万元;

2. 被申请人先行给付营养补助费、生活费等共计人民币 1 万元。

此致

××市××区人民法院

申请人：齐××

1994 年 4 月××日

十五、撤诉申请书

撤诉申请书是原告、自诉人、反诉人、上诉人及其法定代理人在法院受理后作出宣判之前依法向受理法院提出请求撤回诉状的文书。我国《刑事诉讼法》第 172 条规定：“自诉人在宣告判决前，可以同被告人自行和解或者撤回自诉。”我国《民事诉讼法》也有类似的规定。

(一)申请撤诉的条件

公民、法人或其他组织有使用诉权或放弃诉权的权利。官司打起来之后，不需要继续往下打时，可以主动向法院请求撤回起诉文书，这与旧社会“一纸入官门，九牛拔不出”是不同的。然而，当事人也并非可以滥用起诉和撤诉权利。撤诉需要符合下列条件：

1. 申请撤诉人必须合法。申请人必须是原告、自诉人、反诉人、上诉人、有独立请求权的第三人以及他们的法定代理人；委托诉讼代理人申请撤诉，必须经委托人的特别授权。

2. 申请撤诉必须出于自愿。当事人申请撤诉应当完全自愿，任何人不得以任何胁迫、欺骗手段(审判人员也不得以任何借口)动员当事人撤诉。

3. 撤诉必须合法。申请撤诉须在法院宣告判决以前提出，并不得损害国家、集体和他人的利益。例如，有一起著作权纠纷案，当被告向法庭提交“铁证”之后，原告向法庭去信表示要撤诉的意向，后又正式递交了撤诉申请书。法院审查后认为，原告以虚假事实提起诉讼，已经给被告造成了不良影响，允许撤诉将会影响他人的合法权益，于是裁定不准撤诉。

4. 申请撤诉必须申请撤销全部诉讼请求。原起诉文书的诉讼请求可能有多项，申请撤诉必须整个撤销。

5. 应当向人民法院递交撤诉申请书。申请撤诉是严肃的法律行为，需要以字据为证。

此外，申请撤诉需要交撤诉费。

符合上述条件，人民法院才会准许撤诉。这样要求的目的，是防止“恶意诉讼”和滥用撤诉权。我国《民事诉讼法》第131条规定：“宣判前，原告申请撤诉的，是否准许，由人民法院裁定。”总之，申请撤诉是当事人的权利，但是又须依法予以约束。

（二）撤诉申请书的写作要求

撤诉申请书的关键内容是，应写明撤诉的合法理由，例如，被告（或被上诉人）主动向原告（或上诉人、自诉人）赔礼道歉，或者自愿满足原告经济索赔等要求；或者原告（或自诉人、上诉人）已与被告（或被上诉人）自行和解，达成公平协议；或者又认为原判适当，基本公正；或者原告（或自诉人、上诉人）在不损害国家、集体、他人利益的前提下，经过“冷静”思考，自愿无条件放弃诉讼请求等。

（三）撤诉申请书的格式和实例

格式：

民事（或刑事）撤诉申请书

申请人：姓名、性别、年龄（出生年月日）、民族、职业或工作单位和职务、住所或常住地（法人或其他组织，写明其名称或字号、地址）。

法定代理人：姓名、性别、年龄、民族、职业或工作单位和职务、住所或常住地、与申请人关系(法人或其他组织,写明法定代表人或代表人、主要负责人姓名、职务、电话)。

委托代理人:姓名、性别、年龄、民族、职业或工作单位和职务、住址(是律师的,只写姓名、工作单位和职务)。

申请人因……(案由)一案,于×年×月×日向你院提起民事(或刑事)诉讼(或提起上诉),业经你院立案受理。现因……(陈述申请撤诉的合法理由),依据《中华人民共和国民事诉讼法》第130条(或《中华人民共和国刑事诉讼法》第172条)规定以及有关司法解释,向你院申请撤回起诉状(或自诉状、上诉状),请予准许。

原随起诉状(或自诉状、上诉状)所附送的证据材料(写明证据名称)共×件,请一并发还。

此致

______人民法院

申请人:______

______年____月____日

(法人或其他组织加盖公章)

实例(1):

民事撤诉申请书

申请人:李××,男,35岁,汉族,××市××区××镇×××街××号。

委托代理人:秦××,××律师事务所律师。

申请人因借款纠纷一案,于1998年5月×日向你院提起民事诉讼,业经你院立案受理。现因被告张××自知理亏,于昨日主动来家将其拖欠的借款1500元全部还清,并表示赔礼道歉。至此,申请人与被告之间的纠纷已经解决,故依据《中华人民共和国民事诉讼法》第 131 条第 1 款之规定，具状申请撤回起诉，终止审理此案，请予核准，并请发还借据一件。

此致

××区人民法院

申请人：李××

1998 年 6 月×日

实例(2)：

民事撤诉申请书

申请人：××投资有限公司。

地址：××市××区××村×××大酒店。

法定代表人：刘××，董事长，电话：(略)。

委托代理人：江××，××市××律师事务所律师。

被申请人：××市××××焊接公司。

地址：××市××区××街××号。

法定代表人：陈××，总经理，电话：(略)。

申请人因追索欠款一案，于 1999 年 12 月××日对被申请人××市××××焊接公司向你院起诉，业经你院立案。现经被申请人与申请人协商，双方达成解决方案，故依据《中华人民共和国民事诉讼法》第 131 条第 1 款的规定，特向你院申请撤回对被申请人的起诉状，请予核准。

原随起诉状附送的证据材料(施工协议书等)共 3 件，请予发还。

此致

××市××区人民法院

申请人：××投资有限公司

2000 年 1 月××日

（公章）